Lesson 1
はじめはガナッシュからどうぞ 12

二つのガトー・ショコラ 14・80
プロフィットロール 16・71
タルトレット・オ・ショコラ 17・84
ムース・オ・ショコラ 18・79
ロールケーキ 19・82

Lesson 2
ガナッシュでボンボン・オ・ショコラも作れます 20

基本のトリュフ 20・24
テンパリング 26
トリュフの四つのバリエーション 30・32
キャラメル風味のトリュフ、あんずジャム入りトリュフ、
オレンジピール入りトリュフ、メッシーナ
パベ・オ・キャフェ 36
プラムのトリュフ 38

Lesson 3
トランペに慣れたら、いろいろなボンボン・オ・ショコラを 40

アマンド・オ・ショコラ 40・42
オランジェット 44

パート・ド・フリュイのショコラ 46・48
ロッシェ 47・49
グリオット 50

Lesson 4
チョコレートのガトーを作りましょう 52

くるみのチョコレートケーキ 53・85
針ねずみケーキ 54・56
家庭的なザッハトルテ 58・60
ガトー・ド・フェット 62・64
ココア入りマドレーヌ 66
エクレール・オ・ショコラ 68・70
フラン生地を流したタルトレット・オ・ショコラ 72
ココア風味のココナッツジャポネ 74
チョコレートアイスクリーム 76
ショコラ・ショー 5・78

チョコレートの選び方 10
この本のお菓子を失敗なく作るために 86

もしも、

この世にチョコレートがなかったら、

お菓子の世界はどんなにか、寂しいものになったことでしょう。
チョコレートのお菓子ならとにかく好き、という人のために
この本を作りました。
チョコレート味のケーキから、小さなボンボン・オ・ショコラまで
家庭でおいしく作れる方法を紹介しましょう。

チョコレートの扱いは、

はじめは少しめんどうに感じることもありますが、
性質さえつかめれば、こんなに楽しい材料はありません。
飲み物から焼き菓子、ボンボンにと、
いろいろな姿に変身するのは、チョコレートならではの魅力です。

まずは温かなショコラでも飲んでから、どうぞ。

古代インカの昔には薬として飲まれていたチョコレート。
チョコレートには心を落ち着かせ、
元気にさせてくれる不思議な魔法の力が潜んでいるようです。

作り方78ページ

まずはチョコレートの性質を知っておきましょう
チョコレートはデリケート

チョコレートが
嫌いなのは

高温のところ
日の当たるところ
冷たすぎるところ
じめじめの湿気、水気
においのつくところ

＊チョコレートは
その昔……

チョコレートの原料、カカオの木の原産地は中南米の高地で、古代マヤの時代から栽培されていました。とうもろこしのかゆに入れたり、飲み物にしたり、また、カカオの種子を貨幣として使ったこともあったようです。ヨーロッパには、16世紀にスペインが貴重品としてもたらし、そのころ出回りはじめた砂糖と組み合わせて、貴族や僧侶たちの間で、飲み物として広まりました。ただ、それはかなり脂っぽく、消化に悪いものだったようです。今のようなチョコレートになったのは、19世紀以降のこと。1828年にココアで有名なオランダの会社、ヴァン・ホーテンが余分な脂を取り去る製法を開発し、ココアができました。さらにスイスでミルクチョコレートが開発され、以後、チョコレートが開発され、以後、目覚ましい進歩をとげたのです。

チョコレートが
好きなのは

15〜20℃のちょうどいい室温
日の当たらないところ
湿度50％以下の乾燥したところ
においのつかないところ

チョコレートは温度に敏感

チョコレートがとけるのは
28℃ぐらいから。
また、とけたチョコレートは
27℃ぐらいから急に固まりはじめます。
かたいチョコレートが
口に入れるとまもなく、舌の上ですーっととけはじめるのも、
真夏にとろんとしてしまうのも、そのせい。
こうしたチョコレートの温度についての特徴はすべて、
チョコレートに含まれているカカオバターの性質によるものです。

温度が高いとファットブルームに

温度が高いとチョコレートはやわらかくなり、カカオバターが浮いてきます。
やがてそれが固まり、表面に白くかびのようなものになります。
この現象を"ファット（脂）ブルーム"といいます。

湿度が高いとシュガーブルームに

湿度が高いとチョコレートの表面がぬれて、砂糖がとけ出します。
これが乾いて、白い結晶になるのが"シュガーブルーム"です。
特に冷蔵庫に入れておいたものを室温に出すと、表面が結露して、やがてこの現象が起きます。

チョコレートは冷蔵庫にしまわないでください

チョコレートは使う分だけ刻んだら残りはアルミ箔などに包んで、冷蔵庫ではなく、日の当たらない常温の涼しい場所で保存しましょう。

＊室温が25℃以上の時期の保存

もしも、25℃以上になる夏になってもチョコレートがたくさん残っていたら、やむをえませんが、冷蔵庫にしまいます。においが移らないようにファスナーつきのポリ袋に入れ、冷蔵庫の野菜室にしまってください。取り出すときは、すぐに包みを開かないこと。しばらくおいて常温に戻し、結露を防ぎます。

チョコレートの選び方

お菓子を作るときのチョコレートは、製菓用として売られている、カカオバター以外の植物性油脂を含まないものを使いましょう。

菓子売り場のチョコレートの中には、お菓子作りの材料として使えるもの、カカオバター以外の植物性油脂を含むものもありますが、見極めるのが大変です。

製菓用といっても、もちろんそのまま食べてもおいしく、逆に、そのまま食べておいしくないものはお菓子を作ってもおいしくはなりません。

製菓用チョコレートはブランドによっていろいろな名がつけられているため、とてもわかりにくいのが現状です。

ここでは実際に何を使えばいいかを説明しましょう。

クーベルチュールとそうでないチョコレート

製菓用チョコレートにはクーベルチュールと、そうでないチョコレート（以下 "通常の"チョコレートと表記）があります。

クーベルチュールとは、フランス語でおおうものの意味で、薄くのびがいいように、通常のものよりもカカオバターの含有量を多くしたチョコレートのことをいいます。チョコレートの国際規格では、カカオバターが31％以上入っているものでないと、クーベルチュールとは呼べません。

クーベルチュールは最近でこそ手に入りやすくなりましたが、特にチョコレートの歴史の浅い日本では、チョコレートといえば、通常のもののことを指していました。

クーベルチュールならどんなお菓子にも使えます

では、このどちらを使えばいいかですが、ボンボン・オ・ショコラの仕上げには必ずクーベルチュールを使います。それ以外のケーキ類、サブレなどは通常のチョコレートでもかまいません。

ただ、ボンボン・オ・ショコラを作るおきなど、センターを通常のチョコレートで、まわりの仕上げはクーベルチュールでと2種類のチョコレートを使い分けるのは、大量に作らない家庭ではかえってめんどうでしょう。

私は使い分けずに、すべてクーベルチュールを使用していますが、特に支障はありません。皆さんにもクーベルチュールをすすめます。

たいてい1kg単位で販売されていますので、1袋用意しておきましょう。

ダーク、ミルク、ホワイトの違い

クーベルチュールにも通常のチョコレートにも、ダーク、ミルク、ホワイトの3種類があります。

このうち、いちばん多く使われているのが、濃い褐色（いわゆるチョコレート色）のダークチョコレート。主材料はカカオマスとカカオバターを合わせたもの（カカオマスとは、カカオ分、砂糖分とカカオバターの割合によって、各メーカーごとに数種類あり、名称も一定していません。カカオ分とは、カカオ分、砂糖分のほかに乳成分が含まれているもので、見た目もいわゆる板チョコのミルクチョコレート色です。

ホワイトチョコレートとは、クリーム色をしたカカオバターと、砂糖、乳成分などでできたビターチョコレート（カカオ分のないチョコレート）のこと。左ページのチョコレートは、チョコレートの色のもとなるカカオマスは入っていません。

スイートタイプの、カカオ分55％前後のものが使いやすい

お菓子作りにいちばん使いやすいのは、ダークチョコレートの中でも甘みも苦みも標準的なスイートタイプです。私が使用しているのはクーベルチュールのスイートタイプで、カカオ分は55％のもの*（商品名はカカオバリー社の "エクセランス"）。

ところで、最近はカカオ分に注目が高まり、市販の普通のチョコレートにもカカオ分のパーセントが表示されているものがあります。そのため、カカオ分が多いものほど上等などと思われがちのようですが、それは違います。カカオ分が多いというのは、それだけ砂糖分が少なく、苦みが強いということです。

＊この場合のスイートというのは、特に甘いという意味ではなく、砂糖分の入らないビターチョコレート（カカオ分のないチョコレート）などと区別する意味でついた呼び方です。製菓用チョコレートとしていちばん普及しているのが、このスイートタイプです。

● カカオマス

チョコレートはカカオ豆から作られます。カカオのさやは12〜13cmぐらいで、この中には綿のようなもので包まれた種子（カカオ豆）があり、これを発酵、乾燥、ローストした後、ローラーにかけます。ローラーにかけるとねっとりしたペースト状になります。これを固めたものがカカオマス。砂糖分が含まれていないため、とても苦みが強いものです。カカオマスそのものをビターチョコレートともいいます。

● カカオバター

カカオマスを圧搾して出た油脂分だけを固めたものが、カカオバター（ココアバターともいう）です。色は乳白色で、ホワイトチョコレートはこのカカオバターを主材料としています。ボンボン・オ・ショコラは、カカオバターの性質を利用して作られます。詳しくは29ページで説明します。

● ココア

カカオバターと同時にできるのが、ココアケーキ。これを粉末状に砕いたものがココア（パウダー）です。このココアの中にもカカオバターが10〜24％含まれていますが、含有量はメーカーによって違います。

＊材料表中の表記

この本で実際に使ったものは、すべてクーベルチュールです。ただし、クーベルチュールでなくてもかまわないものについては"チョコレート"と表記し、必ずクーベルチュールでなければならないものは"クーベルチュール"と表記しました。種類はスイート、ミルク、ホワイトで表わしています。

Lesson 1

はじめはガナッシュからどうぞ

チョコレート2に対して生クリーム1が基本

チョコレートのお菓子作りのスタートとして、まず知っておきたいのが、いろいろなお菓子に応用のきく、ガナッシュです。作り方は簡単。沸かした生クリームにチョコレートを加えてとかすだけ。チョコレートは、水にはとけにくいのですが、油脂にはすんなりとけます。また、チョコレートだけをとかすには、湯せんの温度をはじめ、加える材料の温度や量も気にしなければならず、少しやっかいです。そんなとき、生クリームにチョコレートをとかした、このガナッシュを使えば、いろいろなものと楽に合わせることができます。

ガナッシュの基本の配合は、チョコレート2に対して生クリーム1。同量までがつくりやすい割合で、目的に合わせて変えます。

この章では、ガナッシュを使ったさまざまなお菓子を紹介しましょう。

基本のガナッシュの作り方

材料
チョコレート（スイート）　200g
生クリーム　100ml

準備
・チョコレートは刻んでおく。目安は大豆粒くらい。かつお節のように薄く削ったり、米粒のように細かく刻んだりする必要はない。

生クリームをボウルで沸かす

1 ボウルに生クリームを入れ、弱めの中火にかけ、焦げつかないように泡立て器で絶えず混ぜる（写真**A**）。
2 煮立ったら、必ず火から下ろす。

チョコレートを加える

3 ②に刻んだチョコレートを一度に加える（**B**）。
4 チョコレートを生クリームに沈め、ゆっくり混ぜて完全にとかす（**C〜D**）。とけ残りがあれば、湯せんにかける。直接、火にかけないこと。
＊逆に、チョコレートに沸かした生クリームを加えてもかまわないが、この方法のほうがボウル1個ですむので便利。
5 目的に応じて、リキュールなどの酒を加える（**E**）。

●ガナッシュのかたさの調節

ガナッシュは、作るお菓子に合わせてかたさを調節しましょう。チョコレートの性質上、温かいうちはゆるくとろとろとしていますが、冷やすとしまって固まってきます。逆に、温めれば再びゆるみます。温めるときは、直接火にかけず、ボウルの底を湯に当てて調節します。

ガナッシュでデコレーション

この二つのガトー・ショコラは、どちらも同じココア入りのジェノワーズをガナッシュで仕上げたものです。ガナッシュのかたさを変えるだけで、全く違った表情に見えます。

一つはつやよくつるっと

できたての温かいガナッシュをかければ、つやのいいつるっとした仕上りになります。

とかしたチョコレートで仕上げるとなるとテンパリング（温度調節。26ページ参照）が必要ですが、ガナッシュならばその必要もなく、かけるのも簡単です。ただ、チョコレートだけのようにかちっとは固まりません。

ガナッシュの割合は、基本のチョコレート2に対して生クリーム1。間にはジャム入りのガナッシュをはさみました。

作り方80ページ

もう一つはクリーム状に

ガナッシュを冷まし、泡立て器で攪拌して空気を含ませれば、クリーム状になってきます。この状態でデコレーションするとクレーム・シャンティよりも扱いやすく、カードやパレットナイフで線や模様も自由にかけ、多少のやり直しもできます。
ただし、ガナッシュは冷やしすぎると、ある一瞬で急に固まってしまい、ぬりにくくなります。ほどほどのかたさに調節しましょう。
こちらは、基本の割合よりも、少し生クリームを増やしています。間には、生クリームを泡立てたクレーム・シャンティにチェリーをはさみ、「黒い森のトルテ」風にしました。作り方81ページ

ガナッシュをかける
プロフィットロールに

お菓子にゆるいチョコレートソースをかけたいときは、ガナッシュにすると簡単です。配合は、チョコレートと生クリームの同割で作ります。
こちらは小さなシュークリームを積み重ねてソースをかける、プロフィットロール。ガナッシュはぼんやり温かいくらいでかけると、程よく流れます。
シューの中には、生クリームにラズベリージャムを加えたピンク色のクレーム・シャンティイを詰めてあります。いちごの酸味がチョコレートとよく合い、また色合いもとてもきれいです。
作り方71ページ

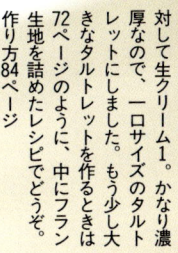

ガナッシュを詰める
タルトレット・オ・ショコラに

小さなタルトレットに、ガナッシュを絞って詰めるだけでタルトレット・オ・ショコラのでき上がり。ガナッシュは少し空気を含ませて、絞りやすいかたさに調節しましょう。配合は基本のチョコレート2に対して生クリーム1。かなり濃厚なので、一口サイズのタルトレットにしました。もう少し大きなタルトレットを作るときは72ページのように、中にフラン生地を詰めたレシピでどうぞ。作り方84ページ

ガナッシュ＋メレンゲ
ムース・オ・ショコラに

ガナッシュにメレンゲを加えれば、チョコレートムースができます。牛乳などを加えず、ガナッシュをベースに、メレンゲや卵黄と合わせて作るこのムースは、フランス人好みのかなり濃厚な味。チョコレートの冷えると固まる性質を生かし、ゼラチンを入れずに冷やし固めます。お好みで、フルーツのコンポートやソースを添えてもいいでしょう。
作り方79ページ

ガナッシュ＋クリーム
ロールケーキに

生クリームを泡立てたクレーム・シャンティや、バタークリーム、カスタードクリームなどをチョコレート味にしたいときは、ガナッシュにして合わせると簡単です。
ロールケーキで紹介しましょう。左のココアロールケーキのクリームは、バタークリームにガナッシュを加えました。バタークリームはメレンゲ入りの軽いタイプです。
プレーンロールケーキのクリームは、クレーム・シャンティイにガナッシュを加えています。全体にくるみを散らして巻きました。
作り方82ページ

Lesson 2
ガナッシュでボンボン・オ・ショコラも作れます

基本はトリュフから

お菓子作りをする方なら、いつかは本格的なボンボン・オ・ショコラを作りたいと思うのではないでしょうか。ボンボン・オ・ショコラはいわば、お菓子作りの到達点の一つ。ガナッシュの作り方を覚えたら、まずはガナッシュをセンターにした、ボンボン・オ・ショコラに挑戦しましょう。本格的な味が家庭でちゃんと作れます。基本となるのは、おなじみのトリュフ。作りたてのチョコレートのおいしさを存分に味わってください。

ただし、ボンボン・オ・ショコラは大急ぎでは作れません。時間にゆとりをもって作りましょう。はじめはレシピを読むだけではわかりにくいことや、テンパリング（温度調節）というプロセスもあってめんどうと思われるかもしれません。でも、とかして残ったチョコレートは次回に使えますから、どうぞ1回であきらめずに何回か作ってみましょう。なお、気温も湿度も高い日本の夏の間は、どんなに冷房してもうまくできません。11月から4月ぐらいの間に作りましょう。

●ボンボン・オ・ショコラというのは？

フランス語で、センター（中身）にチョコレートをかけたものや、型に流したものなどで、トリュフなど小さなチョコレート菓子全般をいいます。なお、ボンボンとは、小さな甘いお菓子の総称で、キャンディやゼリーもボンボンと呼びます。

●ボンボン・オ・ショコラ作りのための特別な言葉

・トランペ　フランス語で"浸す"という意味。センターを、とかしたクーベルチュールにくぐらせてつける作業をいいます。
・テンパリング　温度調節のこと。26ページ参照。
・薄皮用（少量用）テンパリング 25ページ参照。

ボンボン・オ・ショコラの材料と道具の準備

はじめに、チョコレートを刻みます

涼しいところに保存しておいたチョコレートは、かたくて刻みにくいものです。暖かいところ（25〜26℃）にしばらくおいておくと、刻みやすくなります。

チョコレートを刻むときの道具

まな板の上に厚手の大きな紙（ハトロン紙、カレンダーなど、表面がつるつるしたものがいい）を敷きます。丈夫な包丁（身が厚手のもの）を用意しましょう。

刻み方

紙の上にチョコレートをおき、角からザクザクと刻んでいきます。薄く削るように細かく刻む必要はありません。湯せんでとけやすい大きさであればいいのです。

トランペ用クーベルチュールの量

直径18cmのボウルを使用するときは約500g、直径21cmのボウルの場合は約800g用意します。表面積に対してクーベルチュールの深さが浅いと、トランペしにくく、ちょうどいい温度に保ちにくいので気をつけましょう。

次に、道具を用意します

ステンレス製のボウル
チョコレートをとかすときに使用する。大きさはとかす量に合わせる。
トランペするときは、ふるいまたはセルクルを用意し、写真のようにボウルを少し傾けてのせると、作業しやすい。

温度計
100℃、または200℃まで測れるタイプ。

チョコレート用フォーク
丸いトリュフをトランペするには、円形のものがすべりにくくて便利。
角出しするときは3本のくし形が使いやすい。

網やトレーなど
基本のトリュフのように、転がして角出しをして仕上げる場合は、専用の網が必要。
角出しをしないものは、オーブンシートに直接のせる。この本では、トレーに厚手のポリ袋をかぶせ、裏側をテープでとめて固定している。

へら
木べらではボウルの底にそいにくいので、シリコンゴム製の細いへらが使いやすい。普通のゴムべらではチョコレートの油脂でとけてしまうことがある。

テンパリング用の鍋
湯せん用、冷やすための水用（ボウルでもいい）、熱湯用とそれぞれすぐに使えるように、兼用にしないで用意する。大きさは、ボウルに水分が入らないように、ボウルよりも一回り小さいものを。

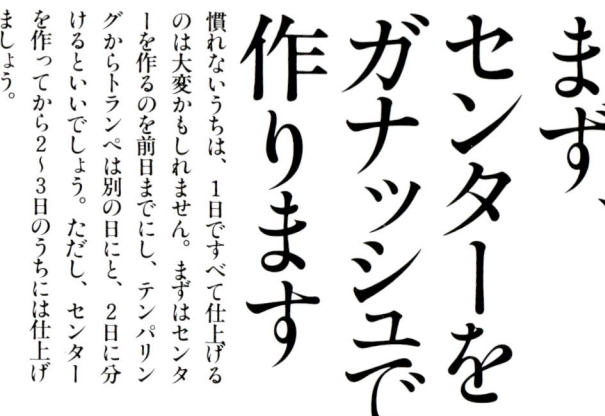

まず、センターをガナッシュで作ります

慣れないうちは、1日ですべて仕上げるのは大変かもしれません。まずはセンターを作るのを前日までにし、テンパリングからトランペは別の日にと、2日に分けるといいでしょう。ただし、センターを作ってから2～3日のうちには仕上げましょう。

絞る

1 13ページを参照し、沸かした生クリームに刻んだチョコレートを加えてガナッシュを作る(写真**A**)。グラン・マルニエを加え、冷ます。
2 様子を見ながら、時々混ぜて均一な絞り出せるくらいのかたさにする(**B**)。

＊急ぐときはボウルの底を水に当ててもかまわないが、ガナッシュは冷やしすぎると、ある一瞬で固まってしまうので注意。固まったら、もう一度温め直す。

材料(直径2.5cmのもの約40個分)
センター
- 生クリーム　100ml
- チョコレート(スイート)　200g
- グラン・マルニエ　大さじ2～3

トランペ用クーベルチュール(スイート)　約500g

準備
・絞出し袋に直径1.5cmの丸口金をつけておく。
・絞り出すトレー(または板)をポリ袋でカバーする。ポリ袋が動かないように、テープなどで固定すること。

3 準備した絞出し袋に入れ、トレーの上に球形に絞り出す(**C**～**D**)。

＊口金をトレーから1cmぐらい浮かして絞りはじめ、目的の大きさになったら、力を完全に抜いて口金をゆっくり横に動かすと、絞り終りが平らに切れる。そのまま上に引っぱると先がとがってしまう。

＊ガナッシュが手の熱でどろっとゆるんでしまったら、ボウルに戻して全体を混ぜ、再び均一な状態にする。

丸める

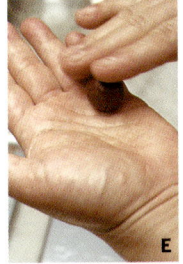

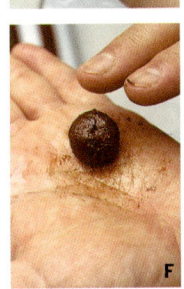

4 少しおいて、固まりかけたところで丸める。てのひらにブランデー(リキュールでもいい。分量外)をほんの少しつけ、もう一方の手の人さし指と中指でガナッシュを転がして形を整え、トレーにおく(**E〜F**)。
5 このままでは次の薄皮がつけにくいので、冷蔵庫で冷やし固める。

＊丸めるときに、手が温かすぎてガナッシュがとけるようなら、時々氷水や冷水に手をつけて冷やす。その場合、水気をよくふき取ること。

薄皮をつける

6 小型のボウルにトランペ用クーベルチュールのうち約50gをとかし、薄皮用テンパリングをする(下記参照)。
7 手に⑥を少しつけて、⑤を④と同じ要領で転がして、全体にクーベルチュールを薄くつける(**G**)。
8 涼しいところ(または冷蔵庫)で落ち着かせる。その後、すぐにトランペしてもいいが、この状態で冷蔵保存もできる。保存する場合は、密閉容器に入れること。

＊薄皮をつけるのは、仕上げのトランペをする際に、ガナッシュがクーベルチュールにとけて混ざらないようにするため。

●棒状に絞ってから丸めるとき

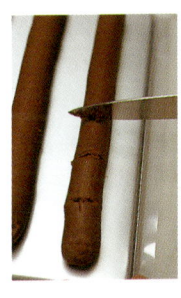

球状に絞り出しするのが苦手な方は、棒状に絞り出してから、丸めてもかまいません。右の写真のように絞出し袋を横に寝かせるように持って、まっすぐ絞ります。これをナイフで等分に切り、同様に丸めます。

●薄皮用(少量用)テンパリングの方法

クーベルチュールは少量ですが、テンパリング(温度調節)しないと固まりません。ただし、仕上げではないので、多少つやがなくてもかまいません。
手順は26ページの仕上げ用のテンパリングと同じですが、温度計まではいりません。小型のボウルと、それに合わせた鍋を用意しましょう。
1 小型のボウルに約50gのクーベルチュールを入れ、50℃の湯せんにかけてとかす(ミルクパンなどを使用するといい)。少量なので、すぐにとける。
2 次に、①のボウルの底を水に当てて混ぜていると、すぐに固まりはじめる。
3 固まりかけたら、一瞬熱湯に当てて均一な状態にする。

次に、仕上げ用のクーベルチュールをテンパリング

手順は全部で3段階

テンパリング（温度調節 operation of tempering の略）はボンボン・オ・ショコラを作るうえで必要なプロセスです。クーベルチュールに含まれるカカオバターの性質上、単純にとかして冷やすだけでは、つやよく安定した状態には固まりません。
きれいに固めるためには、「とかす」「いったん27℃まで温度を下げる」「29〜30℃に上げる」という3段階の温度調節をすることが必要なのです。慣れるまでは少しやっかいかもしれませんが、室温などの条件をそろえれば、それほど難しくありません。
テンパリングができたらすぐにトランペにかかれるように、センターは早めに冷蔵庫で保存しておいたセンターは早めに常温に戻しておきましょう。

20℃前後の室温で始めましょう

テンパリングからトランペまでを成功させるには、適切な室温が重要です。湿度は低く、温度は18〜22℃の状態で作業しましょう。理想は20℃。室温が低いと、テンパリングしたクーベルチュールもすぐに温度が下がり、たちまち扱いにくくなってしまいます。逆に室温が高いと、仕上げたクーベルチュールがなかなか固まらず、固まったとしてもつやよくなめらかになりません。

準備
・センターは、テンパリングの前に室温に戻しておく（密閉容器をすぐに開けると結露してしまうので、必ず容器ごと室温に戻す）。
・テンパリング用の鍋を用意する。50℃の湯を入れた湯せん用鍋、冷やすための水を張った鍋、またはボウル（写真ではボウルを使用）、熱湯用の鍋（使うまでふたをしておく）をいずれもすぐに使えるようにしておく。

1 50℃の湯せんで45℃にとかす

ボウルに刻んだクーベルチュールを入れ、湯せん用の鍋にのせて、45℃にとかす。のせている間は火をつけない。
とけはじめたら、すぐには混ぜずに、半分ぐらいとけるまで待って、シリコンのへらで混ぜ、全体をとかす。湯の温度が下がったら、必ずボウルをはずしてから火をつけて、湯を温める。
＊40℃では粘りが出るので、必ず45℃にとかす。

●テンパリングをしないと……

きちんとテンパリングをしてボンボンを作れば、クーベルチュールが程よく薄くつき、つやよく口当りもなめらかに仕上がります。では、もしもテンパリングしないで、とかしただけで作るとどうなるでしょう。
・まず、なかなか固まりません。
・冷蔵庫に入れると、確かに固まりますが、冷蔵庫から出したとたんにゆるみます。また、ファットブルーム（表面が白くなる現象）が起きてしまいます。指でさわっただけでとけてしまい、口当りが悪く、ココアでごまかしても、おいしくありません。

●いったん27℃に下げたものを29〜30℃に上げるのは？

クーベルチュールは27℃で状態が安定します。ただし、27℃のままではとろみがつきすぎていて、トランペできません。すぐに固まってしまい、作業ができなくなります。
そこで、クーベルチュール中のカカオバターが安定していて、しかもきれいにトランペできる温度の範囲が29〜30℃なので、その温度にする必要があります。そのため、27℃に下げてから温度を上げます。

2 いったん水に当てて、27℃に下げる

3 熱湯に一瞬つけて、29〜30℃にする

安定したいい状態を確認

全体がとけて45℃になったら、ボウルの底を水に当てて、絶えず混ぜながら27℃に下げる。このとき混ぜずにおくと、底の部分だけが固まってしまう。途中、水の温度が上がったら水を替えること。氷水を使うと、急に底だけが固まってしまうので慣れないうちは避ける。
＊温度が高いうちは、へらでこすると底が見える。27℃になってくると底に薄くクーベルチュールが固まり、ステンレスの色が見えなくなる。

27℃になったら、すかさず、熱湯のボウルに一瞬（1〜2秒）当てて全体を混ぜ、29〜30℃に上げる。これでテンパリングが完成する。
＊熱湯につけすぎて、30℃を超えないようにすること。30℃を超えると、テンパリングのやり直しになる。

テンパリングしたクーベルチュールをカードにつけて、状態を確認してみる。このように、まもなくすると色つやよく固まればOK。あとは用意したセンターをトランペして仕上げていく。

●チョコレートの種類によるテンパリングの温度の違い

チョコレートの種類によって、テンパリングの温度は微妙に違います。ミルクやホワイトチョコレートは乳脂肪分を含んでいて固まりにくいので、ダークチョコレートよりも温度を低くします。

	とかす温度	下げる温度	仕上げの温度
ダークチョコレート	45〜50℃	27℃	29〜30℃
ミルクチョコレート	43〜45℃	25℃	27〜29℃
ホワイトチョコレート	40〜42℃	24℃	26〜27℃

さあ、仕上げます

室温を確認してから始めましょう

トランペ

道具をセット

1 作業しやすいように、クーベルチュールのボウルを中央におき、その左右に、センターと、トレーにのせた網をセットする。ボウルは23ページのようにふるいなどにのせて、少し傾ける。

1個ずつトランペ

2 ボウルにセンターを1個入れ、フォークで沈めて全体にクーベルチュールをつけ、すくい上げる（写真**A**～**B**）。もう片方の手に持ったへらの上にトントンと打ちつけて余分を落とし、網の端におく（**C**～**D**）。

＊続けて1個ずつ同様にトランペするが、1個トランペするたびに、クーベルチュールの表面をへらで一混ぜすること。

転がす

タイミングを見る

3 クーベルチュールの固まりかけたころが、きれいに角が出るタイミング。この頃合いを知ることが大切。きれいなフォークで表面をちょっとさわってみて、角が出るようなら、転がすのにいい頃合い。

三角形に転がす

4 小さな正三角形を描くように、フォークで転がして元の位置に戻す（**E**～**G**）。このように転がすことで、角がきれいに出るうえ、網も必要以上に汚さずにすむ。

＊室温などの条件にもよるが、だいたい3～4個トランペが終わると、最初の1個目が転がすのにいい状態になる。

＊ゆるいうちに転がすと、なかなか角が出ず、転がしすぎてクーベルチュールが薄くなり、細かくいがいがした仕上りになってしまう。逆に固まりすぎると、転がせなくなってしまう。この場合はクーベルチュールがはがれてしまうので、無理をしないこと。

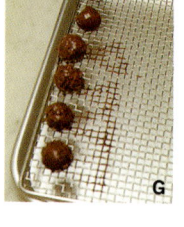

常にいい状態で
トランペするために

トランペは、時間にゆとりをもって、細心の注意をはらいながら作業してください。
慣れないうちは、トランペすることだけに精一杯で、ボウルの中のクーベルチュールの状態まで注意が向けられないかもしれません。すると、あっという間にクーベルチュールが固まってしまい、トランペができなくなってしまいます。次のことに気をつけて、クーベルチュールを常にいい状態でトランペできるように保ちましょう。慣れてくれば、効率よく短時間で作業できるようになります。

1個トランペしたら
表面を一混ぜする

クーベルチュールの表面にカカオバターが浮いてくるため、そのままにしてトランペするとまだらな墨流しのような模様になってしまいます。1個トランペしたら、必ず、表面だけを一混ぜします。

とろみがついてきたら
簡単な方法で戻す

トランペをし続けていると、クーベルチュールの温度が下がり、とろみが強くなってきます。クーベルチュールが厚くつくようになってきたら、簡単な方法で元のいい状態に戻しましょう。まず、熱湯（常に用意しておくこと）にボウルの底だけを一瞬当てます。全体をつけないように、底だけです。
このとき、固まっている部分は、はがさないように、とけているところだけを混ぜます。はがしてしまうとかたまりが混ざってトランペしにくくなり、テンパリングをやり直さなければならなくなります。

クーベルチュールが
少なくなったら
テンパリングをし直す

ボウルの中のとけているクーベルチュールが少なくなってトランペしにくくなったら、最初と同じ50℃の湯せんにかけてください。周囲の固まったクーベルチュールもはがし、足りなければクーベルチュールをさらに足して、テンパリングをはじめからし直します。

トランペが終わったら

ボウルにクーベルチュールを入れたままにせずに、ラップフィルムなどにあけて、固まらせます。固まったら、きっちり包んでおき、次回に使いましょう。

網の下から押す

5 網の下から指で押してはずす（**H**）。上からいきなり持ち上げてしまうと網についている部分がはがれてしまう。

＊網の上にのせたままにしておかずに、時々様子を見て、頃合いで網からはずすこと。40個全部をトランペしてからでは、クーベルチュールがかたく固まって、網からはずれにくくなるので注意。

保存

6 トリュフ用のアルミケースに入れ、容器にしまう。冷蔵庫に入れずに、室温で保存する。室温で1か月くらいはもつが、香りよくおいしくいただくには2週間以内に。

●ボンボン・オ・ショコラが
すぐに固まるのは
カカオバターのはたらき

テンパリングしたクーベルチュールが、まもなくかちっと固まるのは、クーベルチュールに含まれているカカオバターの性質によるものです。
たとえば、普通のバターの場合は、冷蔵庫から出してクリーム状にやわらかくするときでも、湯せんにかけてとかすときでも、状態はゆるやかに変化していきます。
ところが、カカオバターは違います。カカオバターは、常温でかちっと固まっていますが、30℃を超えると、途中でクリーム状にならずに、急にサラダ油のような液状になってしまいます。逆に27℃以下になると、再びかちっと固まってしまいます。ボンボン・オ・ショコラは、この極端に変化する性質を利用して作られるのです。

トリュフの四つのバリエーション

基本のトリュフから、バリエーションはいくつもできます。たとえば、クーベルチュールの種類をミルクやホワイトにするだけで、味も見た目も変わります。

また、センターのガナッシュのお酒を替えたり、ジャムなどの好みの味をプラスすれば、さらに味の変化が楽しめます。特にフルーツの酸味とチョコレートはとても相性がいいので、ぜひいろいろお試しください。

ここに四つのバリエーションを紹介しましょう。すべて、基本のトリュフの応用です。

トランペや角を出す仕上げがうまくいかない方は、粉砂糖やココアをまぶす方法を参考にしてください。

あんずジャム入りトリュフ
センターのガナッシュにジャムを加えるだけで、味の変化が楽しめます。これは基本のガナッシュにあんずジャムを加え、丸めずに棒状のままトランペし、粉砂糖をまぶして仕上げました。
作り方33ページ

キャラメル風味のトリュフ
センターのガナッシュをキャラメル味にして、ココアで仕上げました。キャラメルの香りと苦みがほんのりきいています。口当りもややねっとりとした、濃厚な味わいです。
作り方32ページ

メッシーナ

シチリアの都市、メッシーナの名がついたボンボン・オ・ショコラ。センターは卵黄の入った、やわらかなオレンジ風味のガナッシュ。このようにやわらかいセンターの場合は、丸めずにアルミケースに詰めて作ります。
作り方35ページ

オレンジピール入りトリュフ

センターにはオレンジピールを入れ、アーモンド入りクーベルチュールでトランペしたトリュフ。アーモンドのぶつぶつした食感が楽しく、またオレンジピールともよく合います。クーベルチュールはミルクタイプです。
作り方34ページ

トリュフの四つのバリエーションの作り方

センターのガナッシュやクーベルチュールのテンパリング、トランペなどは、基本のトリュフを参考にしてください。

■キャラメル風味のトリュフ

センターは、キャラメルを作ってから生クリームを加え、チョコレートを合わせてガナッシュにします。ポイントはキャラメルの焦がし方。焦がし方が足りなければ甘いだけの、また焦がしすぎれば苦いだけになってしまいます。トランペまわりはココアで仕上げるので、トランペが苦手な方にもおすすめです。

材料（直径2.5cmのもの約40個分）
センター
├ キャラメル
│　├ 砂糖　80g
│　└ 水　小さじ1
├ 生クリーム　80mℓ
├ チョコレート（スイート）　200g
└ ラム酒　大さじ2
トランペ用クーベルチュール（スイート）　約500g
仕上げ用ココアパウダー　適宜

準備
・仕上げ用のココアは茶こしを通し、バットに広げておく。

センターのキャラメルを作る

1 チョコレートは刻んでボウルに入れておく。

2 小型の鍋を2個用意し、一方の鍋はキャラメル用に、砂糖を入れて分量の水をふりかける。もう一方の鍋には生クリームを入れ、キャラメルのでき上りには沸いているように温める。

3 砂糖と水の鍋を火にかけ、周囲から砂糖が溶けはじめて色づいてきたら、鍋を回すように動かして全体を均一なキャラメル状にしていく（写真**A**）。へらは使わないこと。

4 全体がキャラメル色になったら、頃合いを見て火から下ろし、すぐに熱い生クリームを2〜3回に分けて加え、鍋を揺すって混ぜる（**B〜C**）。最後に、へらで底をこするように混ぜて均一にする。

チョコレートに加える

5 ④を①のチョコレートに加え混ぜ、ラム酒を加え混ぜる（**D**）。これを基本のトリュフと同様に絞り出して丸く形作り、落ち着くまで冷蔵庫で冷やす。

＊丸めるときは、キャラメルが入っているため粘りが強く、多少扱いにくい。

薄皮をつける〜トランペ〜ココアで仕上げ

6 基本のトリュフと同様に、薄皮用テンパリングをしたクーベルチュールをまわりにつける。落ち着くまで涼しいところ（または冷蔵庫）で保存する。

7 ⑥を常温に戻しておく。

8 クーベルチュールをテンパリングし、⑦をトランペする。トランペしたら、すぐにココアのバットに落とし、少し固まりかけたところで転がす（**E〜F**）。完全に固まったところで網にとり、余分なココアを落とす。

■ あんずジャム入りトリュフ

センターはガナッシュにジャムを加えて作ります。ジャムは、酸味のある味のいものを使いましょう。水分が多めのジャムの場合は、煮つめてから加えてください。棒状に絞って、一口サイズにカットし、クーベルチュールをぬってから一口サイズにカットし、トランペします。仕上げは粉砂糖をまぶしましょう。

材料（直径2cmで長さ約3cmのもの約40個分）
センター
- 生クリーム　100ml
- チョコレート（スイート）　200g
- あんずジャム（酸味の強いもの）　60g
- キルシュ　大さじ2

トランペ用クーベルチュール（スイート）　約500g
仕上げ用粉砂糖　適宜（100gぐらい用意）

準備
・仕上げ用の粉砂糖は茶こしを通し、バットに広げておく。

センターを作り、棒状に絞る

1 13ページを参照し、沸かした生クリームに刻んだチョコレートを加えてガナッシュを作り、あんずジャムとキルシュを混ぜて冷ます（写真**A**）。絞り出せるかたさになったら、棒状に絞り出し、そのまま落ち着くまで冷蔵庫で冷やす。

薄皮をつける

2 基本のトリュフと同様に、薄皮用テンパリングをしたクーベルチュールを、平筆（または刷毛）で①の全体に薄くぬる（**B**）。

3 表面が固まったら、温めたナイフで長さ約2.5cmに切り分ける（**C**）。

トランペ〜粉砂糖で仕上げ

4 クーベルチュールをテンパリングし、③をトランペして粉砂糖のバットに落とし、少し固まりかけたところで転がす（**D**〜**E**）。完全に固まったところで網にとり、余分な粉砂糖を落とす。

■オレンジピール入りトリュフ

センターは、ガナッシュにオレンジピールを入れて作ります。トランペ用のクーベルチュールは、ローストしたアーモンドダイスを入れてテンパリングします。トランペしてからは転がさず、そのまま固めます。

材料（直径2.5cmのもの約45個分）
センター
- 生クリーム　　100ml
- チョコレート（ミルク）　200 g
- オレンジピール（みじん切り）　60 g
- コワントロー（またはグラン・マルニエ）　大さじ2

トランペ用クーベルチュール（ミルク）　約500 g
アーモンドダイス　100 g（クーベルチュールの20％）

準備
・アーモンドダイスは140～150℃のオーブンでローストする。

センターを作り、薄皮をつける

1 13ページを参照し、沸かした生クリームに刻んだチョコレートを加えてガナッシュを作り、オレンジピール、コワントローを加える（写真**A**）。これを基本のトリュフと同様に絞り出して丸め、落ち着くまで冷蔵庫で冷やす。

2 基本のトリュフと同様に、薄皮用テンパリングをしたクーベルチュールをまわりにつける。落ち着くまで涼しいところ（または冷蔵庫）で保存する。

アーモンド入りクーベルチュールでトランペ

3 ②を常温に戻しておく。
4 とかしたクーベルチュールにアーモンドを加えてテンパリングする（**B**）。ミルクタイプなので、ダークに比べて各温度を2℃ぐらい低くする（27ページ参照）。
5 トランペしたらポリシートにおき、転がさずにそのまま固める（**C**）。

■メッシーナ

センターは、バターやオレンジ果汁も加えた、基本よりもかなりやわらかめのガナッシュです。
このようなやわらかめのセンターでトリュフを作る場合は、そのままでは固まらないので、チョコレート用のアルミケースを使い、チョコレートのカップを作ります。

材料（直径3cmのアルミケース40個分）
センター
  ┌ 生クリーム　　50ml
  │ バター（食塩不使用）　10g
  │ オレンジ果汁　　30ml
  └ オレンジの表皮のすりおろし　½個分
  ┌ 卵黄　1個分
  └ 砂糖　30g
  チョコレート（スイート）　70g
  コワントロー（またはグラン・マルニエ）　大さじ1
ケース用、仕上げ用クーベルチュール（スイート）　適宜

準備
・下記の要領で、前日までにアルミケースにクーベルチュールを流して用意しておく。

センターを作る

1 小型のボウルに卵黄と砂糖を入れて、泡立て器で混ぜる。
2 小型の片手鍋に生クリーム、バター、オレンジ果汁と皮を入れ、焦がさないように煮立て、熱いうちに①に加え混ぜる（写真**A**）。
3 刻んだチョコレートを加え、なめらかにとかす（**B**～**C**）。コワントローを加え混ぜ、冷ます。

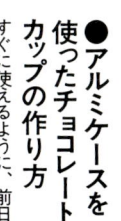

ケースに流す

4 準備したアルミケースに③を7分目ぐらいまで入れる（**D**）。室温でしばらくおき、固める。
＊センターがかたくて流せないようなら、少し温める。ただし、温かく感じられるくらいまでゆるめてしまうと、ケースのクーベルチュールがとけてしまうので注意。

表面の仕上げ

5 テンパリングしたクーベルチュールを④の上にスプーンを使って流す（**E**）。表面張力でアルミケースから少し盛り上がるくらいまで入れること。
6 固まる前に、表面に3本のくし形のフォークを当てて、上にすっと持ち上げて筋をつける（**F**）。

●アルミケースを使ったチョコレートカップの作り方

すぐに使えるように、前日までに用意しておくといい。
まず、テンパリングしたクーベルチュールをスプーンでアルミケースいっぱいに流し、すぐ逆さまにして、へらに軽くトントンと当てながらあける。固まるまでそのままおきます。クーベルチュールの温度やあけるまでの時間で厚さが決まります。厚すぎるとセンターが少量しか入りません。また、薄すぎてもだめなので、写真くらいの厚さにすること。

ガナッシュで作る パベ・オ・キャフェ

ガナッシュをそのまま型に流して四角く切り分ける、近ごろ流行のボンボン・オ・ショコラ。
ここでは基本のガナッシュをコーヒー風味にしてみました。
よく見かけるのは、ココアをまぶしたタイプですが、これは表と裏にテンパリングしたクーベルチュールをぬって仕上げました。

材料（16cm角のマンケ型 1 台分。角型でもいい）
センター
- 生クリーム　80mℓ
- インスタントコーヒー　大さじ山盛り 1
- チョコレート（スイート）　160 g
- コニャック（またはラム酒）　大さじ 2

仕上げ用クーベルチュール（スイート）　約150 g

準備
・型の内側にオーブンシートを敷いておく。

センターを作る
1 13ページを参照し、インスタントコーヒーを溶かした生クリームとチョコレートでガナッシュを作り、コニャックを加え混ぜる。
2 準備した型に流し入れ、落ち着くまで冷蔵庫で固める（写真**A**）。

薄皮をつける〜仕上げ
3 オーブンシートをつけたまま型から取り出し、クーベルチュール約50gを薄皮用テンパリングして（25ページ参照）、表面に平筆（または刷毛）でぬる。表面が固まってから新しいオーブンシートを当てて裏返し、裏面をぬる（**B**）。固まるまでこのまま室温におく。
4 26ページを参照し、テンパリングしたクーベルチュールを表面全体にパレットナイフで広げ、ギザギザのついた三角カードで波模様をつける（**C**〜**D**）。固まってから、温めたナイフで等分に切る。

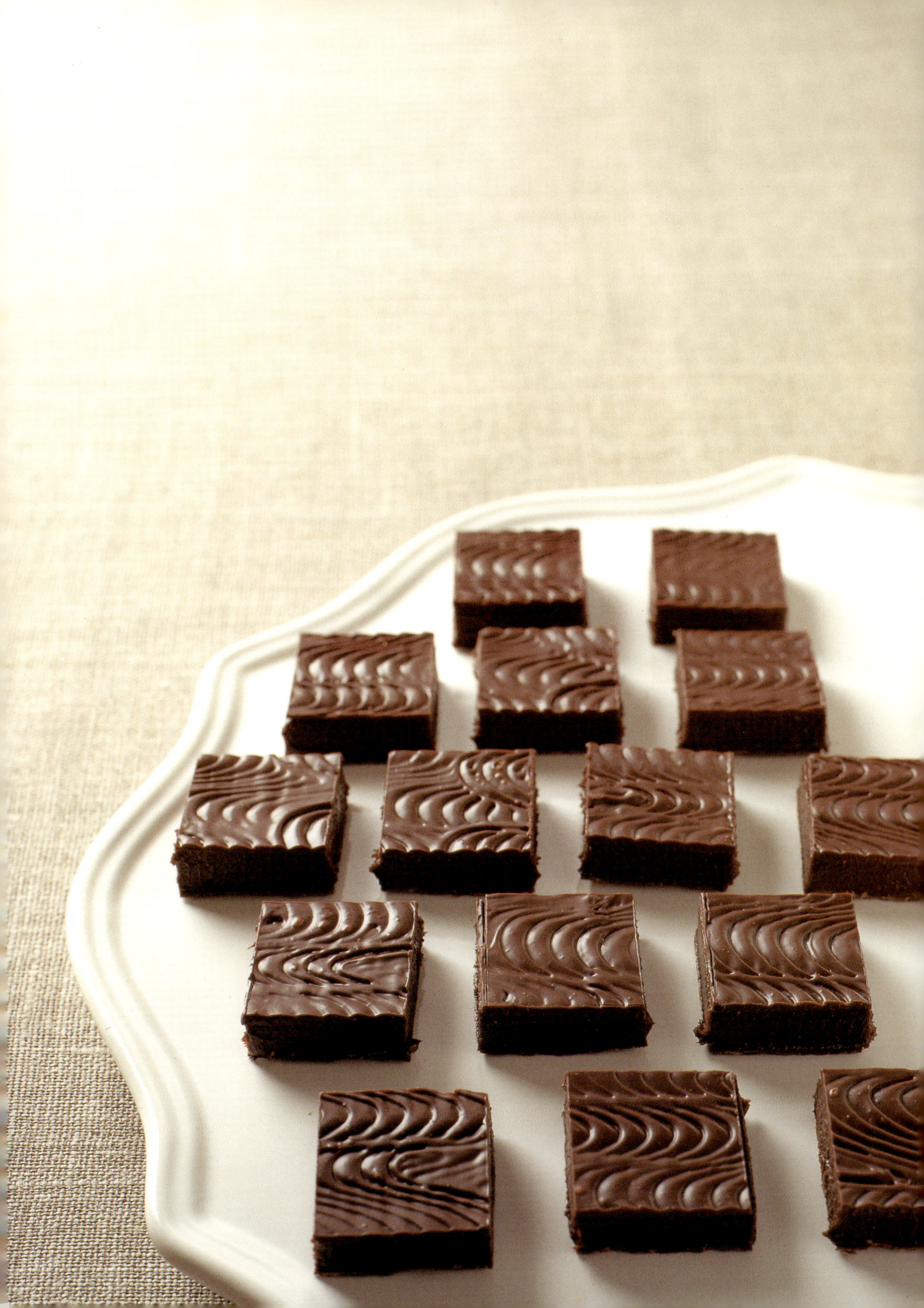

ガナッシュで作る プラムのトリュフ

見た目はちょっと大きめの基本のトリュフのようですが、これは干しプラムにガナッシュを詰めたトリュフ。プラムに詰めてあるので、ガナッシュだけよりも形作りやすいです。
まわりはクーベルチュールの薄皮を3回つけ、ココアで仕上げるので基本のトリュフよりもずっと気楽に作れます。
このトリュフは、フランス南西部の干しプラムの産地、アジャンで出会ったものをアレンジしました。プラムの軽い酸味とねっとりした食感が、ガナッシュと不思議に調和しています。意外なおいしさをぜひお試しください。

材料（50個分）
- 干しプラム（種抜き）　25個
- 生クリーム　100mℓ
- チョコレート（スイート）　200g
- アルマニャック（または普通のブランデー）　大さじ2
- トランペ用クーベルチュール（スイート）　約250g
- 仕上げ用ココアパウダー　適宜

＊干しプラムは油でコーティングしていないものを求めること。

準備
・仕上げ用ココアは茶こしを通し、バットに広げておく。

プラムにガナッシュを詰める

1 プラムは二つに切り、ガナッシュを絞り込みやすいように指でくぼみを作る（写真A）。
2 13ページを参照し、沸かした生クリームに刻んだチョコレートを加えてガナッシュを作り、アルマニャックを加える。基本のトリュフと同様に絞りやすいかたさに調節してから、プラムのくぼみに丸く絞り出す（B〜C）。
3 しばらくおいてから、手で丸めて形を整え、冷蔵庫で固めて落ち着かせる。

クーベルチュールを3回つけてココアで仕上げる

4 26ページを参照してテンパリングしたクーベルチュールをまわりに薄くつける（D）。固まるのを待って、計3回つける。
5 3回目をつけたら、すぐにココアのバットにおく。固まりかけたところで転がして、全体にココアをまぶす（E）。完全に固まったら茶こしにとり、余分なココアを落とす。

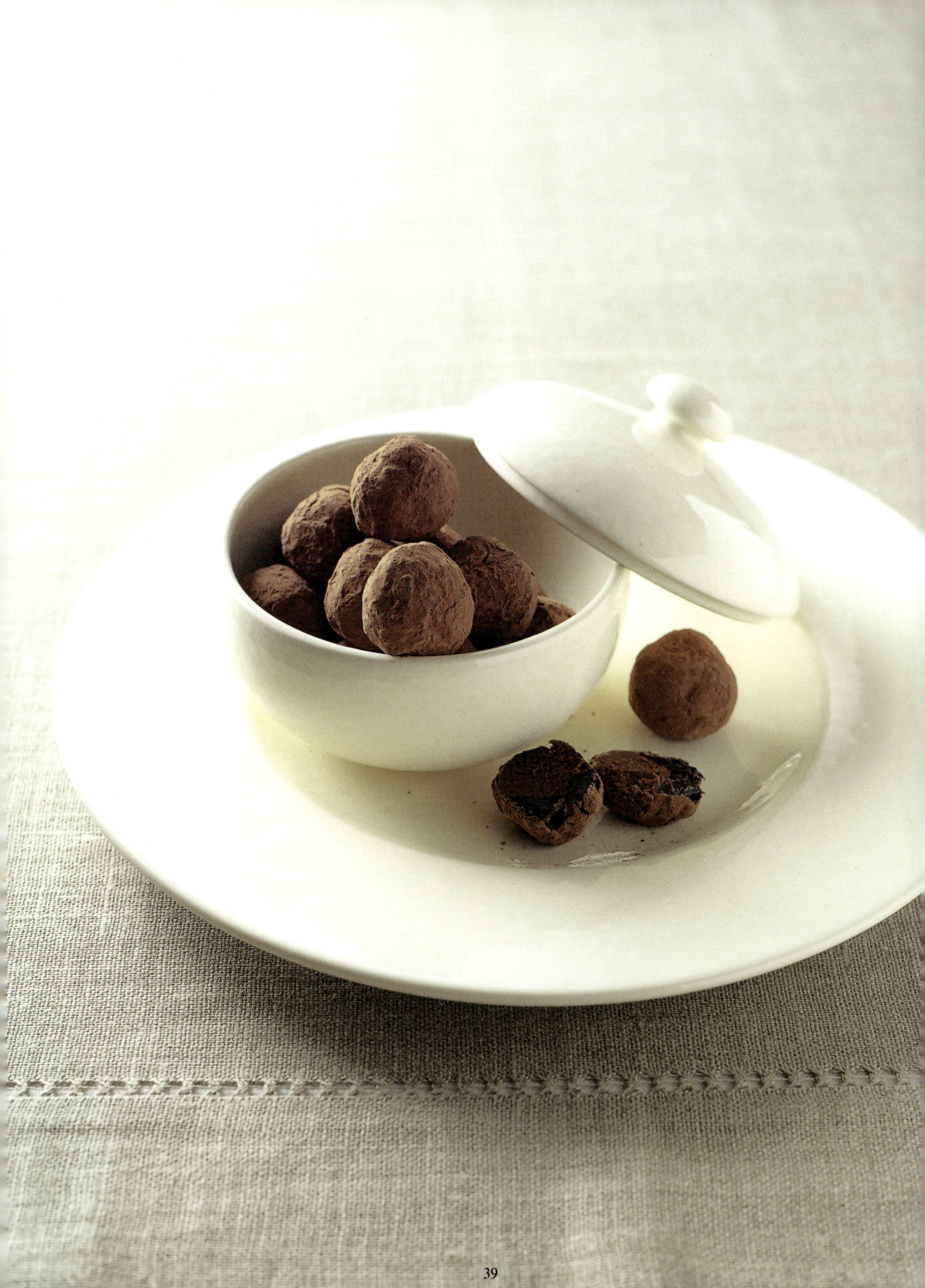

Lesson 3

トランペに慣れたら、いろいろなボンボン・オ・ショコラを

ガナッシュをセンターにしたものではなく、アーモンドやナッツ、オレンジピールなどで作るボンボン・オ・ショコラを紹介しましょう。どれもトランペに慣れてきたら、簡単にできるものばかりです。

アマンド・オ・ショコラ

トリュフ同様におなじみのボンボンですが、アーモンドをきちんとキャラメリゼした手作りの味は格別です。ほかのボンボンのように1個ずつ作るのではなく、一度にたくさんできるので贈り物にも最適。残ったクーベルチュールを使いきってしまいたいときにもおすすめです。

作り方42ページ

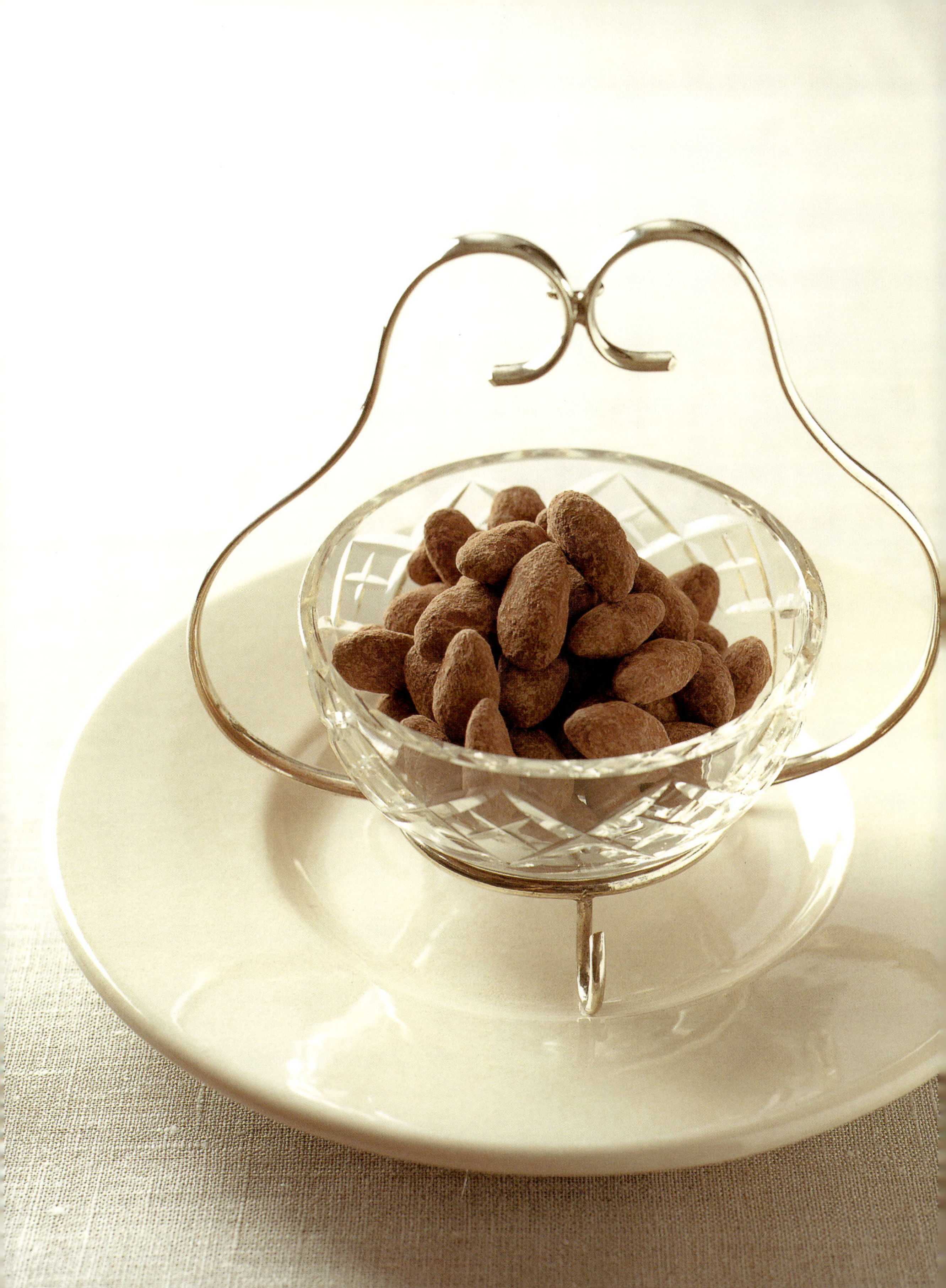

アマンド・オ・ショコラの作り方
はじめにアマンド・キャラメリゼを作ります

材料（作りやすい分量）
- ホールアーモンド（皮つき）　250g
- 砂糖　80g（アーモンドの約1/3量）
- 水　40mℓ（砂糖の1/2量）
- バター（食塩不使用）　小さじ1/2
- 仕上げ用クーベルチュール（スイート）　約200g
- ココアパウダー　適宜

アーモンドをから焼きする

1 アーモンドはペーパータオルで包み、軽くもんで表面の汚れを落とす。これを120〜130℃のオーブンで焦がさないように中心まで乾燥させる。
＊乾燥したかどうかは、1粒取り出して冷まし、かじってみてカリッと割れればいい。オーブンの温度を上げて短時間ですまそうとすると、焦げてしまうので注意。

シロップを煮つめ、指でチェックする

2 天板2〜3枚に薄くサラダ油（分量外）をぬっておく。
3 直径18cmぐらいの片手鍋に砂糖と分量の水を入れて火にかける。
4 煮立って、やがて泡が大きくなってきたら、一度火から下ろして煮つめぐあいをみる。へらにシロップをつけて、少し待ってからシロップを親指の先につける。人さし指と親指をペタペタとつけたり離したりしてみて、5cmぐらい切れずに糸を引けばいい（写真**A**）。

アーモンドを入れる〜再結晶させる

5 ④にアーモンドを一度に入れ、へらで手早く混ぜ、全体にシロップをからめる（**B**）。さらに混ぜ続けると、シロップが段々と白く濁り、全体が再結晶してからからになる（**C**）。

ふるう〜火にかけてキャラメリゼ

6 粗い網を通し、余分な砂糖を落とす（**D**）。
7 きれいな鍋を用意して火にかける。鍋が熱くなったところで⑥を入れ、アーモンドの表面がまんべんなく鍋底に当たるように、斜めに傾けながら混ぜ、全体をキャラメル色にする（**E**）。

バターを加える〜1粒ずつ離す

8 ⑦にバターを加えて混ぜる（**F**）。すぐに用意した天板にあける。
9 はじめは、サラダ油（分量外）をつけたパレットナイフの先で大まかに離す（**G**）。次にゴム手袋をはめ、手早く1粒ずつ離す。熱いうちに離さないとくっついてしまうので注意。完全に冷めたら、しけないように容器に入れる。
＊天板が狭いと1粒ずつ離しにくいので、天板を2〜3枚用意する。オーブンシートの上では動いてしまうので向かない。

クーベルチュールをまぶして、ココアで仕上げ

クーベルチュールを5回まぶす

1 26ページを参照し、クーベルチュールをテンパリングする。大きめのボウル(できれば深型)にキャラメリゼしたアーモンドを入れ、クーベルチュールを大さじ2ぐらい加え、手早く全体を混ぜてまぶしつける(**H〜J**)。混ぜ続けていると、やがて固まる。

2 固まったら、再びクーベルチュールを加えてまぶす(**K〜L**)。これを5回ぐらい繰り返し、層を厚くする。

ココアで仕上げ

3 最後にココアを少量ふるい入れて全体にまぶし、網を通して余分を落とす(**M**)。

●キャラメリゼのこと
薄いキャラメルの衣をつけるアマンド・キャラメリゼは、スライスアーモンドをキャラメルにからめるプラリネと違い、アーモンドを1粒ずつに離さなければなりません。
そのために、まずアーモンド1粒ずつに砂糖衣を着せ、それをふるって砂糖衣を最小限にしてから、火にかけてからいりし、キャラメリゼをするのです。砂糖衣は、煮つめたシロップを冷ましながら攪拌し、砂糖を白く再結晶させて作ります。これは日本の雛あられや五色豆と同じ方法です。

オランジェット

おいしいオレンジピールとチョコレートさえあればできるボンボンです。シンプルな分、どんなオレンジピールで作るかで味が決まります。上質な市販品もありますが、多くは薬品処理されているため、独特なにおいがあります。ボンボンだけでなく、焼き菓子に入れたりと重宝しますので、ぜひ手作りされることをすすめします。私は毎年、冬に安全なよかんを求め、一年分のオレンジピールを作ります。

オランジェットの仕上りは2種類。表面がぶつぶつしているほうは、アーモンドダイス入りのクーベルチュールでトランペしました。

前日までにオレンジピールを煮て、乾かす

1 オレンジピールは8〜10mm幅に切る。小鍋に分量の水と砂糖を入れて火にかけ、煮溶かす。
2 沸騰したらふつふつするくらいの弱火にし、ここにオレンジピールを7〜8本ずつ入れ、1分ほど煮る(写真**A**)。これを網台にとり、風通しのいいところで表面を乾かす(乾くまでにかなり時間がかかる)。
＊中まで からからに乾かしてしまうと、口当りがかたくなる。表面をさわってみて多少べたつくくらいに。

トランペ

3 26ページを参照してクーベルチュールをテンパリングし、オレンジピールを1本ずつ入れてトランペする(**B**〜**C**)。
4 固まる前に、表面にフォークを当ててすっと持ち上げるようにして筋模様をつける(**D**)。

アーモンドダイス入りの場合は

アーモンドダイスは、先に150〜160℃のオーブンでローストして冷ましておきます。これをとかしたクーベルチュールに入れてテンパリングしたもので、トランペします。飾り模様はつけずに、そのまま固めます。

材料(作りやすい分量・アーモンドを入れない場合)
自家製オレンジピール(p.86参照)　四つ割り5〜6枚
シロップ
　水　100mℓ
　砂糖　300g
トランペ用クーベルチュール(スイート)　約500g
＊市販のオレンジピールを使う場合は、下記参照。

準備
・でき上りをおくための、ポリシートを敷いたトレーを用意しておく。

● 市販のオレンジピールを使う場合は
市販のオレンジピールで作るときは、シロップで煮る必要はありません。表面が乾いているものならば、そのままトランペします。細切りにしてべたついているものならば、細切りにして網台の上で少し乾かします。

パート・ド・フリュイのショコラ

まわりに砂糖をまぶした、一口サイズのフルーツゼリーをご存じでしょう。あれもボンボンの仲間でパート・ド・フリュイといいます。これをセンターにしてボンボン・オ・ショコラを作りましょう。フレッシュないちごで作ったパート・ド・フリュイを小さな型でくりぬき、砂糖をまぶさずに、ホワイトとダークの2色のクーベルチュールでトランペしました。パート・ド・フリュイの作り方は簡単。果肉や果汁を砂糖で煮つめ、ペクチンで固めます。ペクチンを入れるタイミングの温度、さらに煮つめる温度だけを守れば、あとは固まるのを待つだけです。

作り方48ページ

ロッシェ

ナッツを小さな山形に積んだボンボンをロッシェといいます。これはマカダミアナッツで作りました。
アマンド・オ・ショコラと同じく、ナッツをきちんと乾燥焼きしてから、キャラメリゼしています。それだけでも香ばしいおいしさに加え、アーモンドダイスを入れたクーベルチュールでからめました。

作り方 49ページ

パート・ド・フリュイのショコラの作り方

材料(直径2.5cmのもの約30個分)
いちごのパート・ド・フリュイ(16cm角のマンケ型1台分。角型でもいい)
- いちご　300g
- 水あめ　50g
- 砂糖　200g
- レモン汁　大さじ2～3
  - 砂糖　50g
  - ペクチン(ハードゼリー用)　約10g
- トランペ用クーベルチュール(スイートとホワイト)　各適宜

準備
- パート・ド・フリュイを流し固める型にオーブンシートを敷いておく。
- いちごは洗って水気を取り、へたを除く。
- 砂糖50gとペクチンをよく混ぜておく。

パート・ド・フリュイを作る

1　いちごはフードプロセッサーにかけて、ピューレー状にする。
2　片手鍋にいちごのピューレー、水あめ、砂糖を入れ、強めの中火にかけ、へらで底をこすりながら煮る。続けてレモン汁も加えて、103℃になったら混ぜておいたペクチンと砂糖を加え、さらに106～107℃に煮つめる(写真A～B)。
3　次に、鍋底を一瞬水に当てて、温度の上昇を止める。
4　すぐに準備した型に流す(C)。そのまま1日おいて充分固める。

クーベルチュールをぬり、型で抜く

5　2色のクーベルチュールをそれぞれ約50g分とり分けて、薄皮用テンパリングをする(25ページ参照)。④を型から出し、裏面だけにクーベルチュールを刷毛でぬり、固まったら直径2.5cmの抜き型で抜く(D)。または、むだが出ないようにナイフで等分に切ってもいい。

＊裏面にクーベルチュールをぬるのは、仕上げのトランペをするときに、フォークが直接パート・ド・フリュイにつくとすべらなくなるため。

トランペ

6　26ページを参照し、クーベルチュールをテンパリングする。⑤を指先で上面ぎりぎりまで沈めたところで、フォークですくい上げる(E～F)。これで上面に赤い色が見え、側面と底だけがトランペできる。

＊ホワイトチョコレートは、ダークチョコレートとはテンパリングの各温度が違う。27ページの温度表を参照して、テンパリングする。

●パート・ド・フリュイの砂糖の量とペクチンの扱い

ペクチンが固まるには、ある程度の糖分と酸味を必要とします。煮つめたものが甘すぎるからといって、砂糖を減らしてはいけません。
また、ペクチンはそのままでは溶けません。必ず、ペクチンの5倍ぐらいの砂糖と混ぜてから用います(ただし、ペクチンを多く含む果物によっては、量を少し減らします)。

ロッシェの作り方

材料(作りやすい分量)
マカダミアナッツ(ホール)　250 g
砂糖　80 g (ナッツの約1/3量)
水　40㎖ (砂糖の1/2量)
バター(食塩不使用)　小さじ1/2
トランペ用クーベルチュール(スイート)　約500 g
アーモンドダイス　100 g (クーベルチュールの20%)

準備
・でき上りをおくための、ポリシートを敷いたトレーを用意しておく。

マカダミアナッツをキャラメリゼする

1 マカダミアナッツは120〜130℃のオーブンで中心まで乾燥させ、キャラメリゼする(42ページの「アマンド・オ・ショコラ」参照)。

トランペ

2 アーモンドダイスは150〜160℃のオーブンでローストしておく。
3 26ページを参照し、とかしたクーベルチュールにアーモンドを加えてテンパリングする。
4 ③のボウルにキャラメリゼしたマカダミアナッツを適宜入れ、クーベルチュールを全体にからめ、4粒ずつピラミッド状に積む(写真**A〜C**)。
＊一度にたくさん仕上げようとすると固まってしまうので注意。

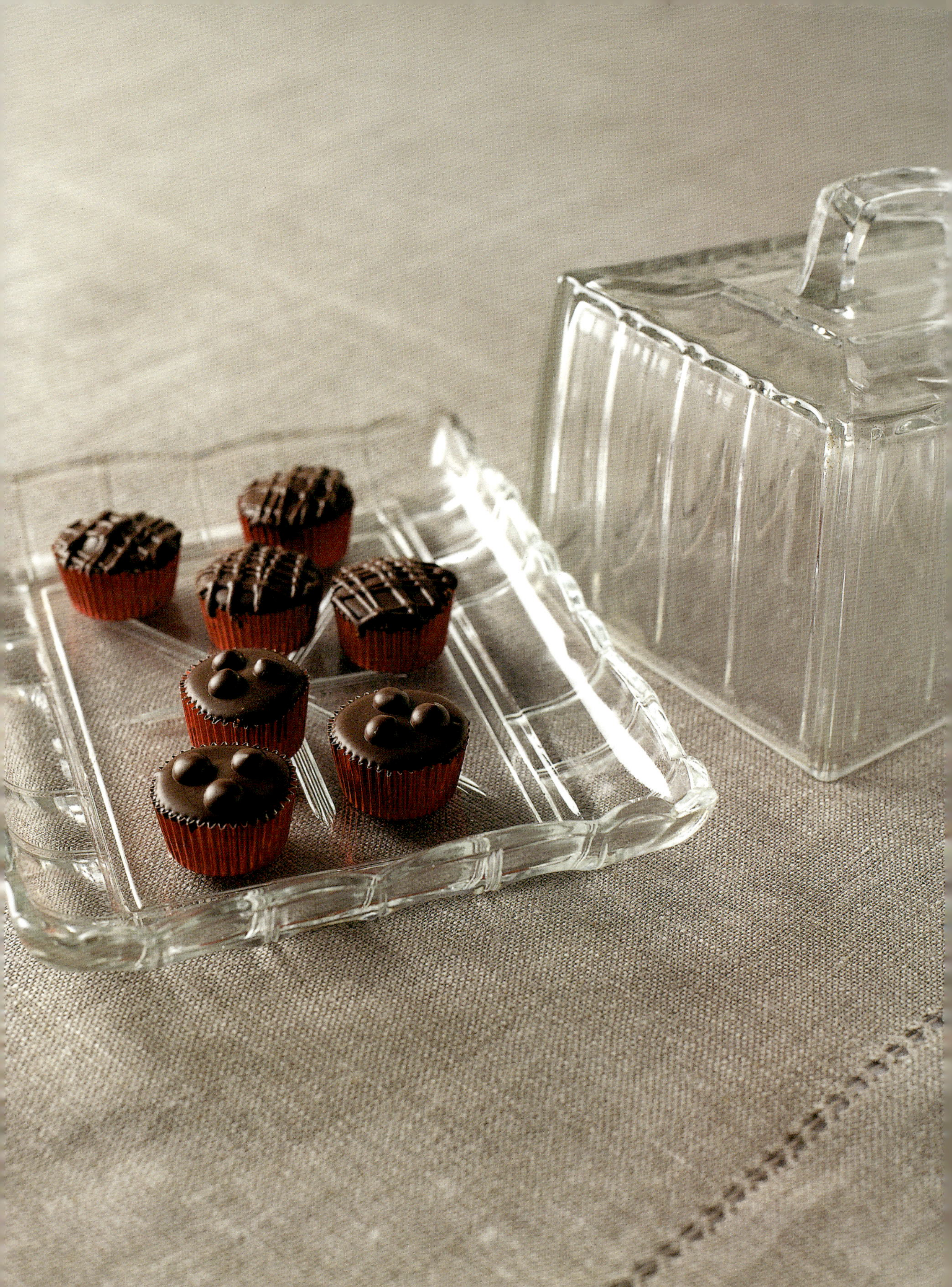

グリオット

グリオットは、枝つきのさくらんぼのキルシュ漬けで作る、ボンボン・オ・ショコラ。口に入れたとたん、さくらんぼの香り高い、甘いリキュールがたっぷりと流れ出ます。そのおいしさは格別ですが、本格的に作るのはちょっと大変です。そこで、簡単に本格的な味を楽しめる方法を紹介しましょう。市販のキルシュ漬けグリオットを使い、アルミケースで仕上げます。作って1週間ほどしてから召し上がってください。中のグラスがちょうどよくとけて、おいしくなっているはずです。

材料（直径3cmのアルミケース40個分）
キルシュ漬けグリオット　40粒
グラス
- 粉砂糖　約150g
- キルシュ　約50ml

ケース用、仕上げ用クーベルチュール（スイート）　適宜

準備
・35ページを参照し、アルミケースでチョコレートのカップを作っておく。できれば前日に用意するといい。
・グリオットはざるにとってから、さらにペーパータオルで表面の水気を取る。

ケースにグリオットを入れ、グラスを入れる

1 準備したアルミケースにグリオットを入れる（写真**A**）。
2 小さな器に粉砂糖を入れ、キルシュを様子を見ながら加え混ぜる。ゆるすぎず、スプーンでやっと落ちるくらいに調節する。
3 ②を①のグリオットにかけながら入れる（**B**）。上にクーベルチュールでふたをする余裕を残すこと。グラスがチョコレートのケースの縁につかないように気をつける。

クーベルチュールでふたをする

4 26ページを参照し、クーベルチュールをテンパリングし、③にスプーンで入れてふたをする。表面張力で少し盛り上がるように入れること。ここでは、コルネ（紙を円錐形に細く巻いて作る）にクーベルチュールを入れ、表面に写真のように絞り出して飾った（**C**～**D**）。

●本格的なグリオットとは？

まず、初夏にさくらんぼをキルシュに漬けて準備します。半年以上漬けて、さくらんぼにキルシュが充分含まれたところでフォンダン（砂糖衣）がけし、クーベルチュールでトランぺして作ります。食べられるのは、それから2～3週間後。その間にチョコレートの殻の中で、フォンダンがさくらんぼの中のエキスとキルシュを吸い取って甘いリキュールになり、最後には、さくらんぼがすっかりしぼんでしまうというわけです。とても手間はかかりますが、作りがいのあるおいしさなので、私は毎年さくらんぼの季節になると準備を始めます。

Lesson 4

チョコレートのガトーを作りましょう

チョコレートで作るか、ココアで作るか

ボンボン・オ・ショコラと違い、焼き菓子類はココアを使ってもチョコレート味にできます。ココアを使ったものとチョコレートを使ったものとでは、まず焼上りの色が違います。このページのケーキは、チョコレートが100gも入っていますが、いわゆるチョコレート色をしていません。チョコレート色にしたいときや、チョコレートの風味を強くしたいときは、ココアを使いましょう。ココアには、砂糖も入ってなく、カカオバターもあまり含まれていないので、少量でチョコレートの色や風味がしっかりつけられます。また、チョコレートを入れてバターケーキを作ると、バターとともに油脂分となるため、ほろっとした食感になります。どちらを使って作るかは、好みや目的によって選びましょう。

ケーキはどの作り方で、デコレーションは何に？

ガトー・ショコラを、スポンジケーキにするか、バターケーキにするかでは食感もずいぶん違います。さらにデコレーションを何をするかも迷いますね。きれいに仕上げるにはテンパリングをしなければなりません。また、かけたチョコレートはかなりしっかり固まるので、サブレや小さめのバターケーキなどにかけるときはあまり問題ありませんが、ふわふわとした食感の大型のスポンジケーキとは食感の相性がよくありません。後で皿に移したり、ナイフを入れたりするときにひび割れしやすいという難点もあります。そこで、スポンジケーキ、バターケーキ、それぞれに合う、簡単で扱いやすいデコレーションの方法を紹介しましょう。

くるみのチョコレートケーキ
砕いたくるみがたっぷり入った、チョコレートのバターケーキ。小麦粉を最小限に控えているので、ほろほろとくずれるような焼上りです。
作り方85ページ。

パータ・グラッセで仕上げる 針ねずみケーキ

スポンジケーキと相性のいい仕上げ用のチョコレートを紹介しましょう。クーベルチュールにサラダ油を加えて作る"パータ・グラッセ"です。テンパリングはしますが、ボンボン・オ・ショコラを作るときほどは神経質にならなくてもできます。

何よりも、このパータ・グラッセのよさは、かけるものの形が変わっていても、大きなものでも小さなものでも、きれいにかけることができること。動物形のケーキなどにもきれいにかかります。

ここで紹介するのは、針ねずみのようにアーモンドをさしたリング型のものと、小さなボンブ（半球）型で焼いたものです。ジェノワーズはとかしたチョコレート入り。間にはプラリネ入りガナッシュをはさみました。

作り方56ページ

●パータ・グラッセとは

日本では洋生チョコレートとか、コーティングチョコレートと呼ばれて市販されています。カカオバターを含まず、ほかの油脂類が大量に加えられているので、テンパリングの必要もなく、お菓子に手軽にコーティングできます。メーカーによっては味のいいものもありますが、純粋なチョコレートと比べると風味がずっと落ちるので、ここで紹介している方法で手作りされることをおすすめします。

針ねずみケーキの作り方

まず、チョコレート入りジェノワーズを作ります

材料（直径15cmのリング型1台分）

チョコレート入りジェノワーズ
- 卵　2個
- 砂糖　60g
- シロップ（または水）　小さじ2
- 薄力粉　60g
- チョコレート（スイート）　30g
- バター（食塩不使用）　20g

間にはさむプラリネ入りガナッシュ
- 生クリーム　40ml
- チョコレート（スイート）　40g
- プラリネ＊（細かく砕いたもの）　20g

- ラム酒入りシロップ（p.87参照）　適宜
- あんずジャム　約50g
- 細切りアーモンド　約30g

パータ・グラッセ
- クーベルチュール（スイート）　150g
- サラダ油　30ml

＊プラリネの材料（作りやすい分量）
- スライスアーモンド　30g
- 砂糖　35g
- 水　小さじ½

準備
- 型にバター（分量外）をぬり、冷蔵庫で冷やしてから強力粉（分量外）をふり、余分を落とす。
- チョコレート30gは刻んでバターと一緒にボウルに入れ、60℃ぐらいの少し熱めの湯せんにかけてとかす。

■オーブン温度　170～180℃

生地を作る

1　ボウルに卵を入れ、軽くほぐしてから湯せんにかけて、高速のハンドミキサーで攪拌する。途中、砂糖を3回に分けて加えながら攪拌し続ける。

2　卵液が40℃ぐらいになったら湯せんからはずし、冷めるまでさらに攪拌する。泡立て器で持ち上げてみて、泡がこもって落ちにくくなるまで泡立てる。

3　シロップを入れ、泡立て器でよく混ぜたら、粉を2回に分けてふるい入れ、その都度、泡立て器で混ぜる（写真A）。

4　とかしておいたチョコレートとバターを一度に表面全体に広く散らすように加え、泡立て器で手早く合わせる（B）。

5　型に流し入れ、霧を吹いて、170～180℃に温めておいたオーブンで25～30分焼く。

6　焼けたら、型ごと約40cmの高さから台に落としてショックを与え、しぼむのを防ぐ。型からはずし、網台の上で冷ましておく（C）。

プラリネ入りガナッシュを作る

7　プラリネを作る。スライスアーモンドは140～150℃のオーブンでローストしておく。

8　天板またはトレーにオーブンシートを敷いておく。

9　小型の片手鍋に砂糖を入れ、分量の水をふりかけて、中火にかける。砂糖が溶けはじめ、周囲から色づいてきたら、鍋を回して全体を濃いキャラメル色にし、アーモンドを一度に加える（D）。火にかけたまま、へらで手早くからめて⑧のオーブンシートにあけ、広げて冷ます（E）。

＊ちょうどいいキャラメル色になるまで焦がしたところで、アーモンドを入れるのが大事。入れるのが早すぎると、砂糖が再結晶してしまうので注意。

10　冷めてかちっと固まったら、厚手のポリ袋に入れてめん棒などでたたいて砕く。

11　13ページを参照し、沸かした生クリームに刻んだチョコレートを加えてガナッシュを作る。冷めたところで、砕いたプラリネ20gを加え、混ぜる（F）。

パータ・グラッセをかけて仕上げましょう

ジェノワーズにガナッシュをぬって重ねる

1 表面にさす細切りアーモンドは、140〜150℃のオーブンで香ばしくローストする。

2 ジェノワーズは3枚にスライスし、ラム酒入りシロップを刷毛でしみ込ませてはプラリネ入りガナッシュをぬり、3段重ねる（**G**）。

3 あんずジャムを電子レンジで熱して、表面全体に刷毛でぬり、①の細切りアーモンドをさす。

＊ジャムを熱するのは、ぬった表面がすぐ乾くように。

4 冷蔵庫に入れ、ガナッシュを安定させる。

パータ・グラッセを用意する

5 左下の要領で、クーベルチュールにサラダ油を加えてテンパリングし、パータ・グラッセを用意する（**H**）。

ケーキにかける

6 冷蔵庫から④を出して網台にのせ、オーブンシートの上におく（チョコレートがたれるので）。

7 ⑤のパータ・グラッセを全体にまんべんなくかける（**I**）。網台ごと台にトントンと打ちつけて下まで行き渡らせる。そのまま固まるまで待ち、網台とケーキの間にナイフを入れてそっとはずす。

ボンブ型のケーキの作り方

このジェノワーズの分量で、直径5cmのボンブ型が7〜8個できる。型の準備はリング型の場合と同じ。焼き時間は約20分。

ジェノワーズが冷めたら、細いナイフを使って底を円錐形にくりぬき、内側からシロップをぬり、プラリネ入りガナッシュを詰める。くりぬいたジェノワーズで底を作り、ふたをする。ローストしたアーモンドをさし、リング型のときと同様にパータ・グラッセをかける。

●パータ・グラッセのテンパリング

サラダ油を加えて作るので26ページのテンパリングほど厳密でなくてもいい。

準備 約50℃の湯を入れた鍋、熱湯用の鍋、水を入れたボウルを用意する。

1 小型のボウルに刻んだクーベルチュールを入れ、約50℃の湯せんでとかし、サラダ油を加えて混ぜる。

2 とけたら、ボウルの底を水に当てて、へらで底をこすりながら温度を下げる。クーベルチュールが底に薄く固まってきたら、ボウルの底を一瞬熱湯に当ててゆるめる。

ココア入りグラスで仕上げる 家庭的なザッハトルテ

有名なウィーンのお菓子、ザッハトルテ。このお菓子をめぐり、ザッハホテルと菓子店「デメル」の間で裁判まで起きたことでも知られています。
本来の仕上げ方は、チョコレートを加えた砂糖液を煮つめ、冷ましながら再結晶させたものを頃合いを見て一気にかけます。この頃合いを見極めるのはなかなか難しいもので、家庭ではかなり大変でしょう。
そこで、どなたにも簡単にできる方法をと考えたのが、ここで紹介するココア入りのグラス（砂糖衣）をかける方法です。これならココアと砂糖と水を混ぜるだけですから、かける作業も簡単。
本来のザッハトルテ同様に、砂糖衣の独特の食感も充分味わえます。土台のケーキは本格的に、アーモンドの粉も入った上等なチョコレート入りバターケーキです。名づけて「家庭的なザッハトルテ」。見た目も味も本格的です。どうぞウィーンにならって、軽く泡立てた生クリームをたっぷり添えて、コーヒーとともに味わってください。
作り方60ページ

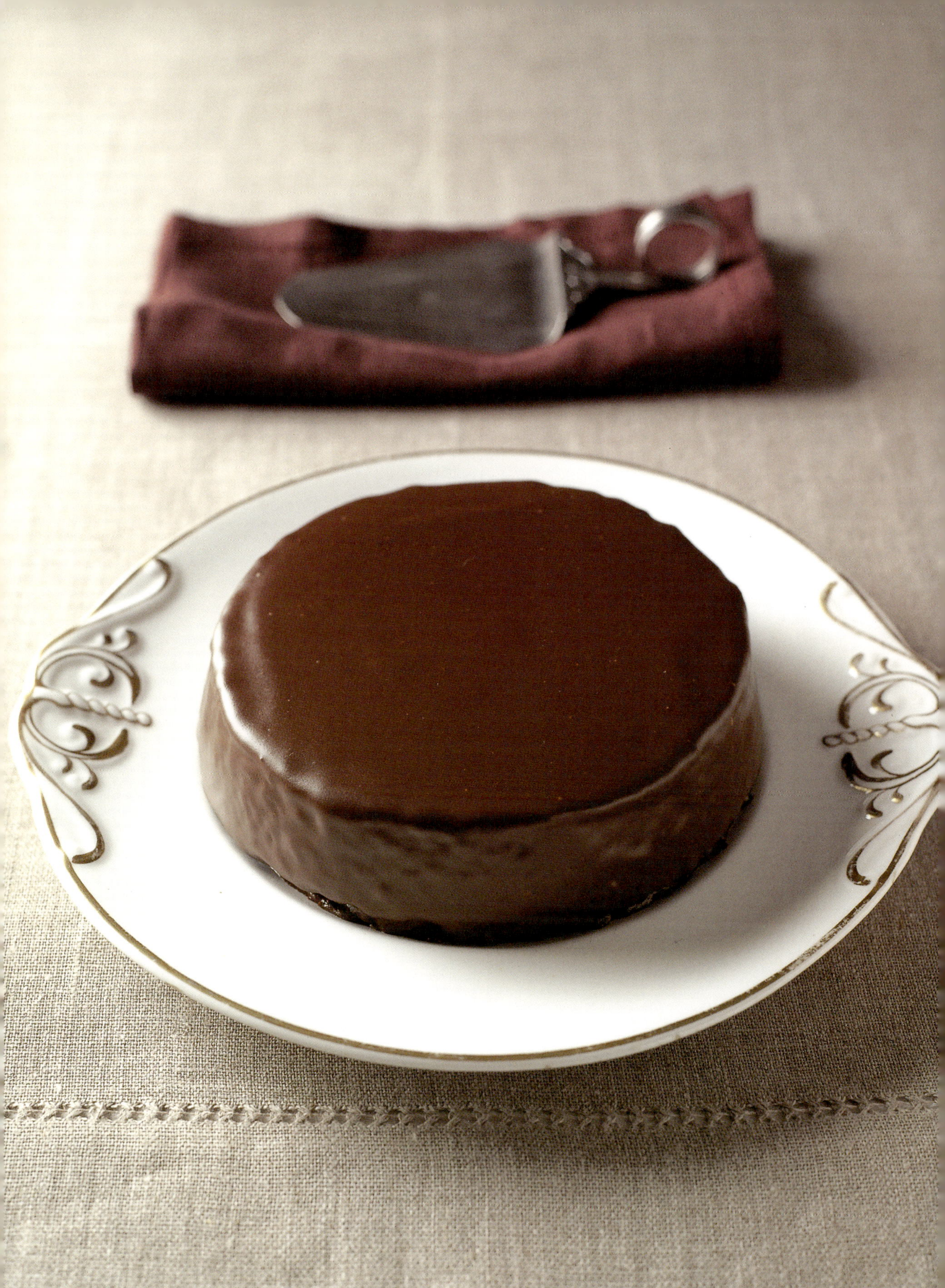

家庭的なザッハトルテの作り方
チョコレート入りバターケーキを焼きます

材料（直径18cmのマンケ型1台分）
チョコレート入りバターケーキ
- バター（食塩不使用） 60g
- チョコレート（スイート） 60g
- 粉砂糖 20g
- 卵黄 3個分
- アーモンドパウダー 30g
- 卵白 3個分
- 粉砂糖 40g
- 薄力粉 60g

あんずジャム 約80g

ココア入りグラス
- 粉砂糖 100g
- ココアパウダー 20g
- 水 約30mℓ

準備
・型の側面にバター（分量外）をぬり、冷蔵庫で冷やしてから強力粉（分量外）をふり、余分を落とす。底には紙を敷いておく。
・バターはやわらかくしておく。
・チョコレートは刻んでボウルに入れ、50℃ぐらいの湯せんでとかす。

■オーブン温度　170〜180℃

バターをクリーム状にし、チョコレートを加える

1 ボウルにやわらかくしたバターを入れ、泡立て器でクリーム状にする。ここにとかしたチョコレートを少しずつ加え、その都度、充分攪拌する（写真**A**）。

2 粉砂糖20gを加えて攪拌し、卵黄を1個ずつ加え混ぜる。卵黄は冷たすぎないように。写真のようなやわらかい角が立つくらいにする（**B**）。

3 ②にアーモンドパウダーを加え混ぜる（**C**）。

メレンゲと粉を交互に混ぜる

4 別のボウルに卵白を入れ、粉砂糖を5〜6回に分けて加え、しっかりしたメレンゲを作る（87ページ参照）。この半量を③に加え、泡立て器で均一に混ぜる（**D**）。

5 次に、粉をふるいながら加え混ぜる（**E**）。さらに残りのメレンゲを加え、白い泡が見えなくなるまで合わせる（**F**）。

型に入れて焼く

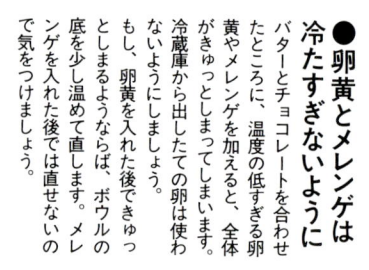

6 準備した型に入れ、表面をゴムべらでならす（**G**）。霧を吹いて、170〜180℃に温めたオーブンに入れ、40〜50分ほどで焼き上げる。

7 焼けたら、型ごと約40cmの高さから台に落としてショックを与え、しぼむのを防ぐ。型から出して網台で冷ましておく。

●卵黄とメレンゲは冷たすぎないように

バターとチョコレートを合わせたところに、温度の低すぎる卵黄やメレンゲを加えると、全体がきゅっとしまってしまいます。冷蔵庫から出したての卵は使わないようにしましょう。もし、卵黄を入れた後できゅっとしまるようならば、ボウルの底を少し温めて直します。メレンゲを入れた後では直せないので気をつけましょう。

仕上げはココア入りグラスをかけて

バターケーキにジャムをぬって重ねる

1 冷ましたケーキの中央が盛り上がっていたら、いったん型におさめて平らに切ってから、2枚にスライスする（**H**）。

2 電子レンジであんずジャムを熱してから、ケーキの断面にパレットナイフでぬって重ねる。表面にもぬった後、網台にのせる（**I**）。

＊あんずジャムを熱するのは、ぬった表面がすぐに乾くように。

ココア入りグラスを作ってかける

3 小型の耐熱容器に茶こしを通した粉砂糖とココアを入れ、泡立て器でよく混ぜたら、分量の水を控えめに加え、なめらかに混ぜる（**J**）。

4 ③を電子レンジでぼんやりと温かいくらいに温め、かたさをみる（温める時間は機種によって異なる）。かたすぎるようなら水を、ゆるいようなら粉砂糖を少し加える。

5 ②のケーキに全量をかけ、パレットナイフで表面をひとなでし、側面にもぬる（**K〜L**）。網台ごと台に軽くトントンと打ちつけ、余分なグラスを落とす（**M**）。固まるまでそのまま半日ほどおく。

●ザッハトルテの切り方

気をつけないと、表面のグラスにひびが入ってしまいます。まず、ナイフを湯で温めて水気をふき取り、表面のグラスだけに切れ目を入れます。それから、改めて温めたナイフをこの切れ目にそって入れ、下のケーキを切ります。

ガナッシュをベースに ガトー・ド・フェット

フェットとは、フランス語でお祭りやお祝い事のこと。クリスマスやいろいろなお祝い事など、特別な日にふさわしいチョコレートケーキを紹介しましょう。見た目は複雑そうですが、すべて基本のお菓子を組み合わせるだけでできます。

土台のケーキは、ボンブ型で焼いたココア入りジェノワーズ。間にチョコレートのムースをはさんで、チョコレートクリームをたっぷりとぬりました。どちらも同じガナッシュをベースにして作るので、あまり手間はかかりません。飾りもオレンジピールやドラジェ、チェリーを好みにするだけ。

ケーキの下には、大きく焼いたサブレを敷いています。さくさくとした食感がクリームたっぷりのケーキとよく合いますので、このサブレはぜひ敷きましょう。

作り方64ページ

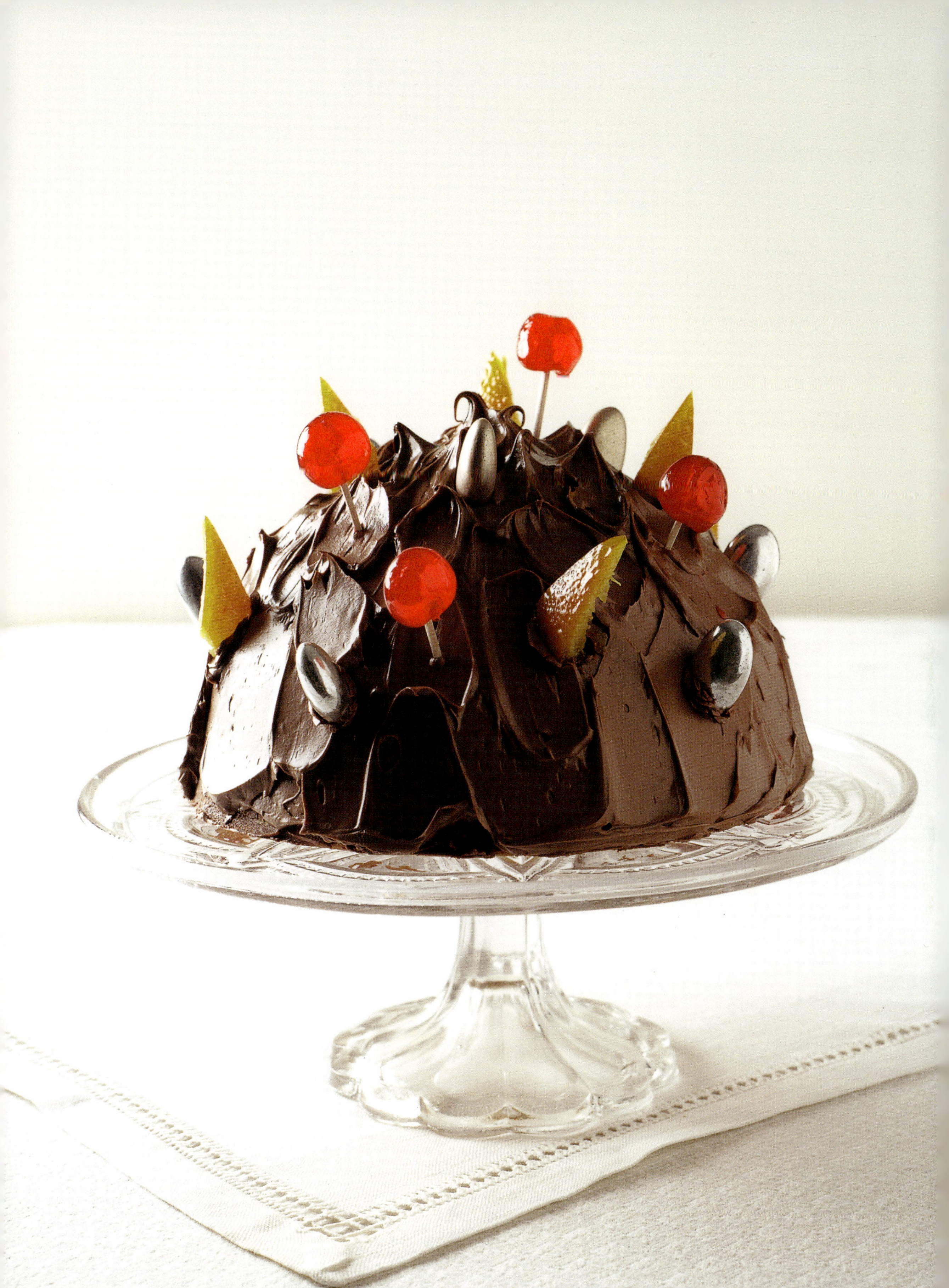

ガトー・ド・フェットの作り方
サブレとココア入りジェノワーズを用意します

下に敷くサブレを焼く
84ページを参照して、パート・シュクレを前日までに用意し、ポリ袋を切り開いたシートの間にはさんでのばす。直径18cmの円形に切り、170～180℃に温めたオーブンで20～25分、色よく焼く。

ジェノワーズの準備
・型にバター（分量外）をぬり、冷蔵庫で冷やしてから強力粉（分量外）をふり、余分を落とす（ボンブ型がなければ、アルミ製のボウルを使用）。
・粉にココアを茶こしを通して入れ、泡立て器で混ぜてから、ふるいを通しておく。

共立て法で生地を作る
1 ボウルに卵を入れ、軽くほぐしてから湯せんにかけ、高速のハンドミキサーで攪拌する。途中、砂糖を3回に分けて加える。卵液が40℃になったら湯せんからはずし、さらに冷めるまで攪拌する。泡立て器で持ち上げてみて、泡がこもって落ちにくくなるまで泡立てる（写真**A**）。
2 バターは湯せんでとかし、そのまま保温しておく。
3 ①にシロップを加え、泡立て器でよく混ぜる。オレンジの皮を加え混ぜ、粉類を2回に分けてふるい入れ、その都度、泡立て器で粉の色が見えなくなるまで混ぜる（**B**）。②のバターを大さじ1ぐらいずつ散らしながら加え、混ぜる（**C**）。

型に入れて焼く
4 型に生地を流し入れ、霧を吹いて、170～180℃に温めたオーブンで25～30分焼く。焼けたら、型ごと約40cmの高さから台に落としてショックを与え、しぼむのを防ぐ。型からはずし、網台の上で冷ましておく（**D**）。

材料（直径18cmのボンブ型1台分）
パート・シュクレ（p.84参照）　約180g
ココア入りジェノワーズ
　卵　3個
　砂糖　100g
　シロップ（または水）　大さじ1
　オレンジの表皮のすりおろし　½個分
　　薄力粉　70g
　　ココアパウダー　20g
　バター（食塩不使用）　40g
ガナッシュ
　生クリーム　200ml
　オレンジの表皮のすりおろし　½個分
　チョコレート（スイート）　200g
　コワントロー　大さじ1
中にはさむムース・オ・ショコラ
　上記ガナッシュ　150g
　オレンジピール（四つ割り）　1枚
　卵白　20g
　粉砂糖　20g
仕上げ用チョコレートクリーム
　上記ガナッシュ　約250g
　バター（食塩不使用）　50g
あんずジャム　30g
オレンジ風味のシロップ
　オレンジ果汁　80ml
　砂糖　30g
　コワントロー　大さじ1
オレンジピール、ドラジェ、ドレンチェリーなど　適宜

■オーブン温度　170～180℃

ムースをはさんで、クリームをぬって仕上げます

ジェノワーズにムースをはさんで重ねる

6 ジェノワーズは、3枚にスライスする。

7 回転台にサブレをのせ、あんずジャムをぬる。底になるジェノワーズをのせてオレンジ風味のシロップをしみ込ませ、ムースの½量強をのせて、中央が盛り上がるように広げ、2段目のジェノワーズをのせる。

8 同様にシロップをしみ込ませて残りのムースを広げ、残りのジェノワーズを重ねてシロップをしみ込ませる（**I**）。冷蔵庫に入れ、安定させる。

仕上げる

9 ⑤のチョコレートクリームを扱いやすいかたさに調節する。まず、⑧の表面全体に薄くぬる（**J**）。次にたっぷりとのせてぬり、パレットナイフで少し角を出して、山の表情を作る（**K~M**）。

10 オレンジピール、金色のドラジェ、ようじにさしたドレンチェリーなどでデコレーションする。

＊ドレンチェリーは、購入したらブランデーやリキュールにつけておくと、味がよくなる。

仕上げの準備

・仕上げ用チョコレートクリームのバターは、やわらかくしておく。
・ムース用のオレンジピールはみじん切りにしておく。
・オレンジ果汁に砂糖を混ぜ、コワントローを加えて、オレンジ風味のシロップを作る。

ガナッシュを作る

1 113ページを参照し、生クリームにオレンジの皮のすりおろしを入れてから沸かし、刻んだチョコレートを加え混ぜてガナッシュを作り、コワントローを加える。

ムースを用意

2 ①のガナッシュのうち150gをとり分け、ここにオレンジピールのみじん切りを加え混ぜる（**E**）。

3 まず、80℃の湯せんの鍋を用意してから、卵白に粉砂糖を5回ぐらいに分けて加え、しっかりしたメレンゲを作る（87ページ参照）。でき上がったら、湯せんに当てながら30秒ほど攪拌し、メレンゲを安定させる。

4 メレンゲの粗熱を取り、②のガナッシュに加え混ぜる（**F**）。

チョコレートクリームを用意

5 やわらかくしたバターに残りのガナッシュ（約250g）を少しずつ加え混ぜ、クリームを作る（**G~H**）。

ココア入りマドレーヌ

粉の一部をココアに替えたマドレーヌ。ココアの風味をシンプルに味わえる、素朴なお菓子です。焼きたてよりも味日以降のほうが、口当たりがしっとりします。マドレーヌの作り方はいろいろありますが、これはいたって簡単。中央がぷくっとふくらむのがマドレーヌらしいので、卵と砂糖を少し泡立ててベーキングパウダーも入れました。泡立てるといっても、ジェノワーズほどではないので気軽にできます。生地をねかせてから焼くことで、のびがよくなり、口当りがなめらかになります。

生地を作って休ませる

1 ボウルに卵を入れてよくほぐし、砂糖と塩を加え、ハンドミキサーで軽く泡立つ程度に泡立てる（写真**A**）。ここにオレンジの花水を加える。
2 準備した粉類をふるいを通して加え、泡立て器で均一になるまで混ぜる（**B**）。
3 さらに温かいバターを一度に加え、再び均一になるまで混ぜる（**C〜D**）。
4 ボウルにラップフィルムをかぶせ、そのまま1時間ほど休ませる。

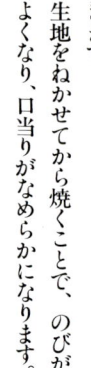

生地を絞って焼く

5 直径1cmの丸口金をつけた絞出し袋に生地を入れ、準備した型に8分目ほど絞り入れる（**E**）。
6 全体に霧を吹いて、180℃に温めておいたオーブンで約20分焼く。中心が盛り上がり、指先でふれてみて弾力があれば焼上り。すぐに型から出し、網台にとって冷ます。

材料（マドレーヌ型14〜15個分）
- 卵　2個（120g）
- 砂糖　120g
- 塩　ひとつまみ
- オレンジの花水　小さじ1
- 薄力粉　100g
- ココアパウダー　20g
- ベーキングパウダー　小さじ2/3
- バター（食塩不使用）　120g

＊オレンジの花水は、オレンジの花を蒸留して香油をとるときにできる香料。菓子材料店などで手に入ります。

準備
・型にバター（分量外）をぬり、冷蔵庫で冷やしておく。焼く前に強力粉（分量外）をふって、余分を落とす。
・粉にココアを茶こしを通して入れ、ベーキングパウダーを加えて、泡立て器で混ぜてから、ふるいを通しておく。
・バターは電子レンジ、または湯せんでとかし、冷めないようにしておく。

■オーブン温度　180℃

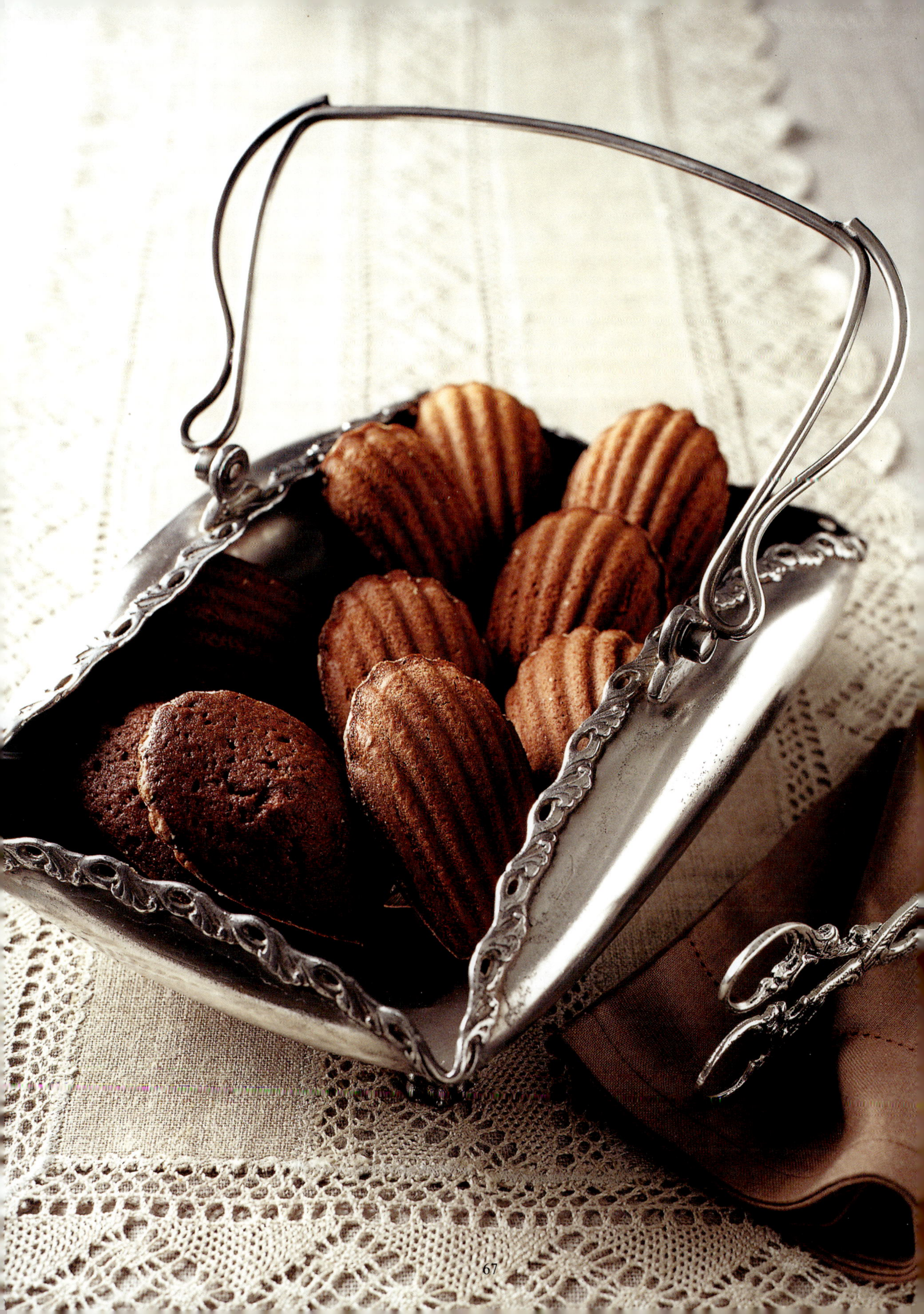

エクレール・オ・ショコラ

シュー生地にもココアを加えた、エクレールです。チョコレート色の表面に真っ白なあられ糖の粒が鮮やかでしょう。このあられ糖は、サクッとした食感もなかなか楽しいものです。
中のクリームもチョコレート味にしたいところでしょうが、それでは濃厚になりすぎます。チョコレートの味が引き立つように、カスタードクリームにバターを加えたクレーム・ムスリーヌを詰めましょう。クリームは、裏面からではなく、表面に穴をあけて絞り入れます。
上につけたのは、扱いやすいパータ・グラッセです。
作り方70ページ

69

エクレール・オ・ショコラの作り方
ココア入りシュー生地を作ります

材料（長さ約10cmのもの18個分）

ココア入りシュー生地
- バター（食塩不使用） 60g
- 水 90mℓ
- 砂糖 小さじ1/3
- 塩 ひとつまみ
- 薄力粉 70g
- ココアパウダー 10g
- 卵 2 1/2〜3個

クレーム・ムスリーヌ
- 牛乳 350mℓ
- バニラビーンズ 1/2本
- 砂糖 130g
- 薄力粉 50g
- 卵黄 5個分
- バター（食塩不使用） 30g
- 好みのリキュール 大さじ2
- バター（食塩不使用） 120g

パータ・グラッセ
- クーベルチュール（スイート） 150g
- サラダ油 15mℓ

飾り用あられ糖 適宜

準備
・粉に茶こしを通してココアを入れ、泡立て器で混ぜてからふるいを通し、鍋よりも口の小さい器に入れておく。

■オーブン温度 180〜190℃

生地を火にかける

1 小鍋にバターと分量の水、砂糖、塩を入れて弱火にかける。バターがとけたら火を強くし、吹き上がってきたら粉類を一度に入れ、手早く木べらで混ぜる（写真**A**）。3秒ぐらいで火から下ろし、そのままさらに混ぜる。

2 生地が鍋肌からくるんと離れたら、混ぜるのをやめる（**B**）。

卵を少しずつ加える

3 卵をといて、②に少しずつ加えて混ぜる（**C**）。卵が生地と完全になじんでから、次を加えるようにする。

4 卵は様子を見ながら加え、ちょうどいいかたさにする。へらでたっぷりと持ち上げてみて、3秒ほどでバサッと落ちるくらいのかたさになればいい（**D**）。乾燥しないようにラップフィルムでおおって、30分ほど生地を休ませる。

絞り出して焼く

5 天板にアルミ箔を敷き、薄くバター（分量外）をぬっておく。直径1cmの丸口金をつけた絞出し袋に生地を入れ、天板にやや平たく8cmぐらいの長さに絞り、水でぬらした指先で形を整える（**E**）。霧を吹いて、180〜190℃に温めたオーブンで25〜30分、中までさくっと焼き上げる。

クリームを作って仕上げましょう

クレーム・ムスリーヌを作る

1 まず、カスタードクリームを作る。バニラビーンズは種をしごき出し、さやとともに牛乳に入れて、弱火で沸かし、50℃に冷ます。卵黄は水でぬらした器に入れておく。
2 ボウルに砂糖と粉を入れて混ぜ、①の牛乳を加えて泡立て器でよく混ぜる。これを直接火にかけられるステンレスボウルにこし入れる。
3 ボウルを中火にかけ、底が焦げないように泡立て器で絶えず混ぜながら、粉っぽさがなくなり、つやが出るまで煮る。ふつふつと沸いてから3分ぐらいを目安に火から下ろす。
4 卵黄を一度に加え、さっと混ぜたらすぐに火に戻して、卵黄に火が通るまで約1分煮る(**F～G**)。
5 火から下ろし、バター30gとリキュールを加え混ぜ、ラップフィルムをかけて冷ます。 
6 別のボウルにやわらかくしたバター120gを入れ、泡立て器でさらにクリーム状にする。ここに⑤のクリームを泡立て器でなめらかに攪拌してから、少しずつ加え、その都度、なめらかな状態にして仕上げる(**H**)。

シューに絞り入れる

7 シューの表面のひび割れのくぼみを利用し、両端に近いところに2か所穴をあける(**I**)。小さめの丸口金をつけた絞出し袋に⑥のクリームを入れ、穴から絞り入れる(**J**)。

パータ・グラッセをつける

8 57ページも参照してパータ・グラッセを作り、テンパリングする。⑦の上面を浸して、固まる前にあられ糖をふる(**K～L**)。

プロフィットロールの作り方(写真16ページ)

1 「エクレール・オ・ショコラ」を参照してシュー生地を作り、直径2.5cmぐらいの円形に絞って、中心までサクッと焼き上げる。
2 生クリーム80mlにラズベリージャム、好みのリキュールを加えて泡立てる。シューの底に丸口金の先で穴をあけ、ここからクリームを絞り入れる(穴は一つでいい)。
3 13ページを参照し、沸かした生クリームに刻んだチョコレートを加えてガナッシュを作り、リキュールを加える。
4 皿にシューを好みに積み、いちごを飾ったら、ほの温かいガナッシュのソースをかける。

材料(作りやすい分量)

シュー生地
- バター(食塩不使用) 60g
- 水 80ml
- 砂糖 小さじ⅓
- 塩 ひとつまみ
- 薄力粉 70g
- 卵 2½～3個

ラズベリー風味のクレーム・シャンティイ
- 生クリーム 80ml
- ラズベリージャム 50g
- 好みのリキュール 小さじ1

ガナッシュのチョコレートソース
- 生クリーム 50ml
- チョコレート(スイート) 50g
- 好みのリキュール 大さじ1

いちご 適宜

＊シュー生地は直径約3cmのもの50～60個分、クレーム・シャンティイとガナッシュは20個分の分量。

フラン生地を流したタルトレット・オ・ショコラ

ココア入りのサブレ生地にチョコレート入りのフラン生地を流して焼き、表面をガナッシュでつやよく仕上げる、本格的なタルトレットです。フラン生地にはオレンジの果汁と皮も加え、オレンジ風味にしてあります。

ガナッシュだけを絞った17ページのタルトレットに比べると、少々手が込んでいますが、それだけ味わい深く、作りがいがあります。タルト生地、フラン、ガナッシュ、三つのチョコレート味のハーモニーをお楽しみください。

パート・シュクレを型に敷き、半焼きする

1 ポリ袋を切り開いたシートに生地をはさんでのばし、タルトレット型よりも一回り大きい型で抜き、準備した型に敷き込む。まず、生地を型にのせ、先端を少し切った竹串で数か所空気穴をあけてから、型を台に打ちつけて生地を底に落とす（写真**A**）。ぴったりと敷き込んだら、型にそって余分を切り落とし、竹串で新たに空気穴をあける。

2 180℃に温めたオーブンで約15分、少し色づく程度に半焼きにする。

フラン生地を作る

3 チョコレートは細かく刻み、ボウルに入れておく。オレンジの果汁は網でこしておく。

4 小鍋に生クリーム、牛乳、しごき出したバニラビーンズの種とさやを入れて弱火で沸かす。

5 ④の⅓量を③のチョコレートのボウルに加えてなめらかにとかし、ガナッシュ状にする（**B**）。

6 別のボウルに卵、卵黄、砂糖、オレンジの皮と果汁、リキュールを入れてよく混ぜる。

7 残りの④を⑥に加え（バニラのさやは入れない）、よく混ぜる。これを⑤のチョコレートに少し加えてのばしてから、残り全部を加えてよく混ぜ合わせる（**C**）。

8 半焼きした②に⑦を7分目まで流す（**D**）。180℃に温めたオーブンに入れ、約15分、中央がふくらむまで焼く。網台にのせて冷まし、型からはずしておく。

ガナッシュで仕上げる

9 13ページを参照し、沸かした生クリームに刻んだチョコレートを加えてガナッシュを作る。リキュールを加え、流せるくらいの状態になったら、冷めた⑧の上にスプーンで流す（**E**）。

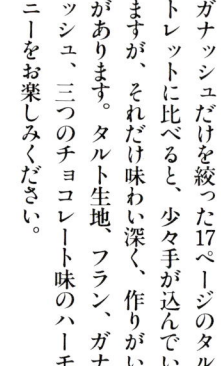

材料（直径6.5cmのタルトレット型16個分）

ココア入りパート・シュクレ
- バター（食塩不使用）　100g
- 塩　ひとつまみ
- 粉砂糖　80g
- 卵黄　1個分
- 薄力粉　160g
- ココアパウダー　40g

チョコレート入りフラン生地
- 生クリーム　70ml
- 牛乳　30ml
- バニラビーンズ　⅓本
- チョコレート（スイート）　100g
- 卵　1個
- 卵黄　1個分
- 砂糖　20g
- オレンジ果汁　20ml
- オレンジの表皮のすりおろし　⅓個分
- 好みのリキュール　大さじ1

ガナッシュ
- 生クリーム　100ml
- チョコレート（スイート）　100g
- 好みのリキュール　大さじ½

準備
・84ページを参照し、前日までにココア入りパート・シュクレを作っておく（ココアはあらかじめ、粉に茶こしを通して合わせ、よく混ぜてからふるいを通しておく）。
・タルトレット型にバター（分量外）をぬり、冷蔵庫で冷やしてから強力粉（分量外）をふり、余分を落とす。

■オーブン温度　180℃

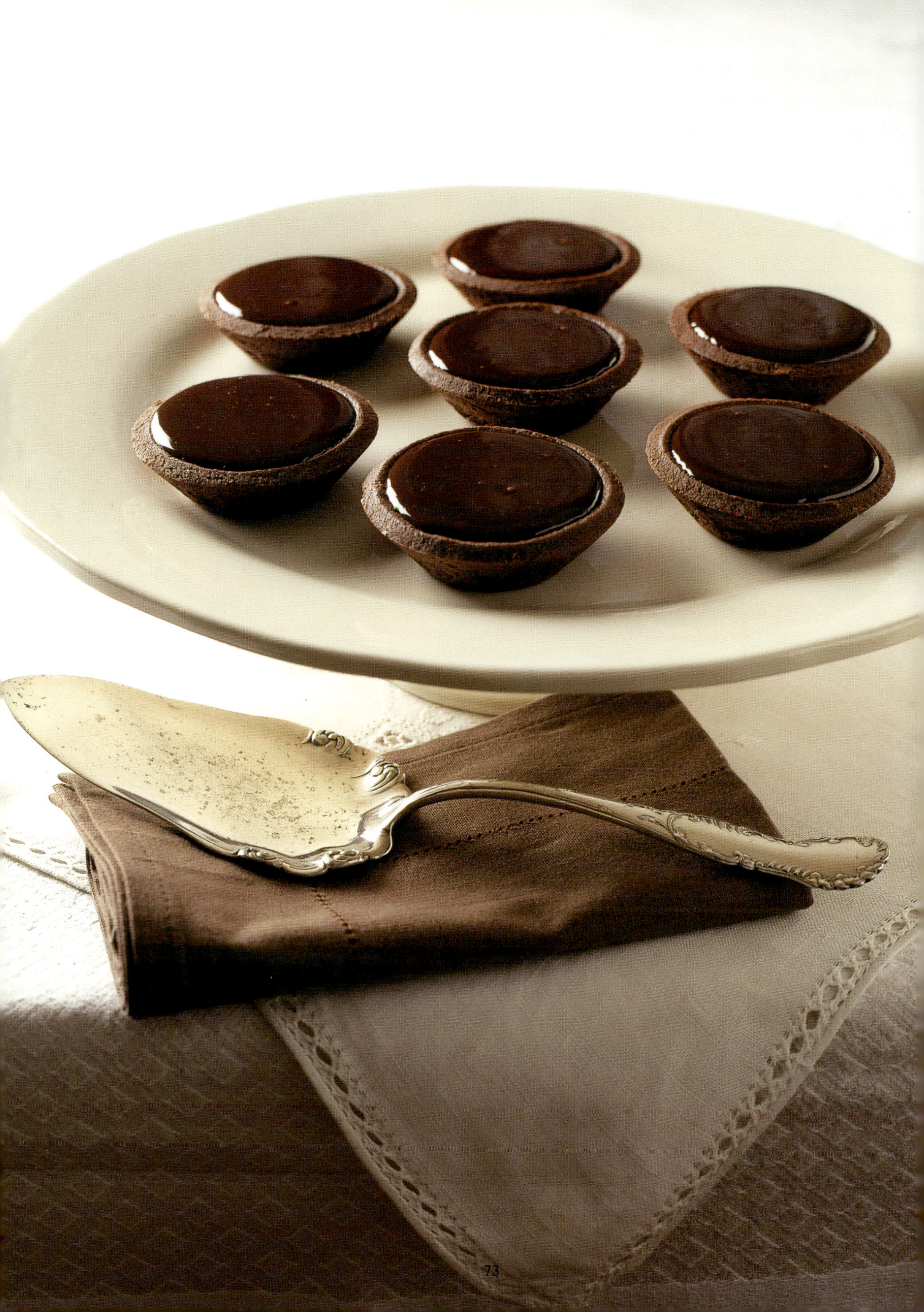

ココア風味のココナッツジャポネ

卵白で作るメレンゲ菓子のジャポネは、かさっとした食感が特徴で、ダコワーズの仲間のお菓子です。これをココア風味にしました。
ジャポネ生地は一般的にはアーモンドパウダーを使うのですが、ココアと相性がよく、香ばしさも増して焼き上がりました。ここでは焼いたままでお見せしていますが、お好みでクリームなどをサンドすればしっとりした食感も楽しめます。

生地を作る

1 卵白に粉砂糖を6回ぐらいに分けて加え、しっかりしたメレンゲを作る(87ページ参照)。
2 ここに合わせておいた粉類を加え、ゴムべらでざっくりと合わせる(写真A〜B)。

材料(直径5cmのもの約40枚分)

- 卵白　120g
- 粉砂糖　80g
- 薄力粉　10g
- ココアパウダー　20g
- アーモンドパウダー　30g
- ココナッツファイン　30g

粉砂糖　適宜

準備

- 天板にオーブンシートを敷いておく。
- 絞出し袋に直径1cmの丸口金をつけておく。
- 粉にココアを茶こしを通して入れ、アーモンドパウダーとココナッツファインを加えて、泡立て器で混ぜてから、粗い網を通しておく。

■オーブン温度　150℃

生地を絞って焼く

3 準備した絞出し袋に入れ、天板に直径5cmぐらいの渦巻き状に絞る。このとき、口金の先が天板についていると、つぶれて丸くならないので、少し持ち上げて、ひもを垂らすようにして生地を天板におくようにすると、形よく仕上がる(**C**)。
＊オーブンシートが動かないように、生地を少し天板につけて、のり代りにするといい。
4 全体に茶こしで粉砂糖をふる。そのまましばらくおいて粉砂糖が湿って見えなくなったら、もう一度ふる(**D**)。
5 150℃に温めておいたオーブンに入れ、数分して表面が薄く色づいたら100℃ぐらいに下げて、中心までかさっと乾くように40〜50分焼く。

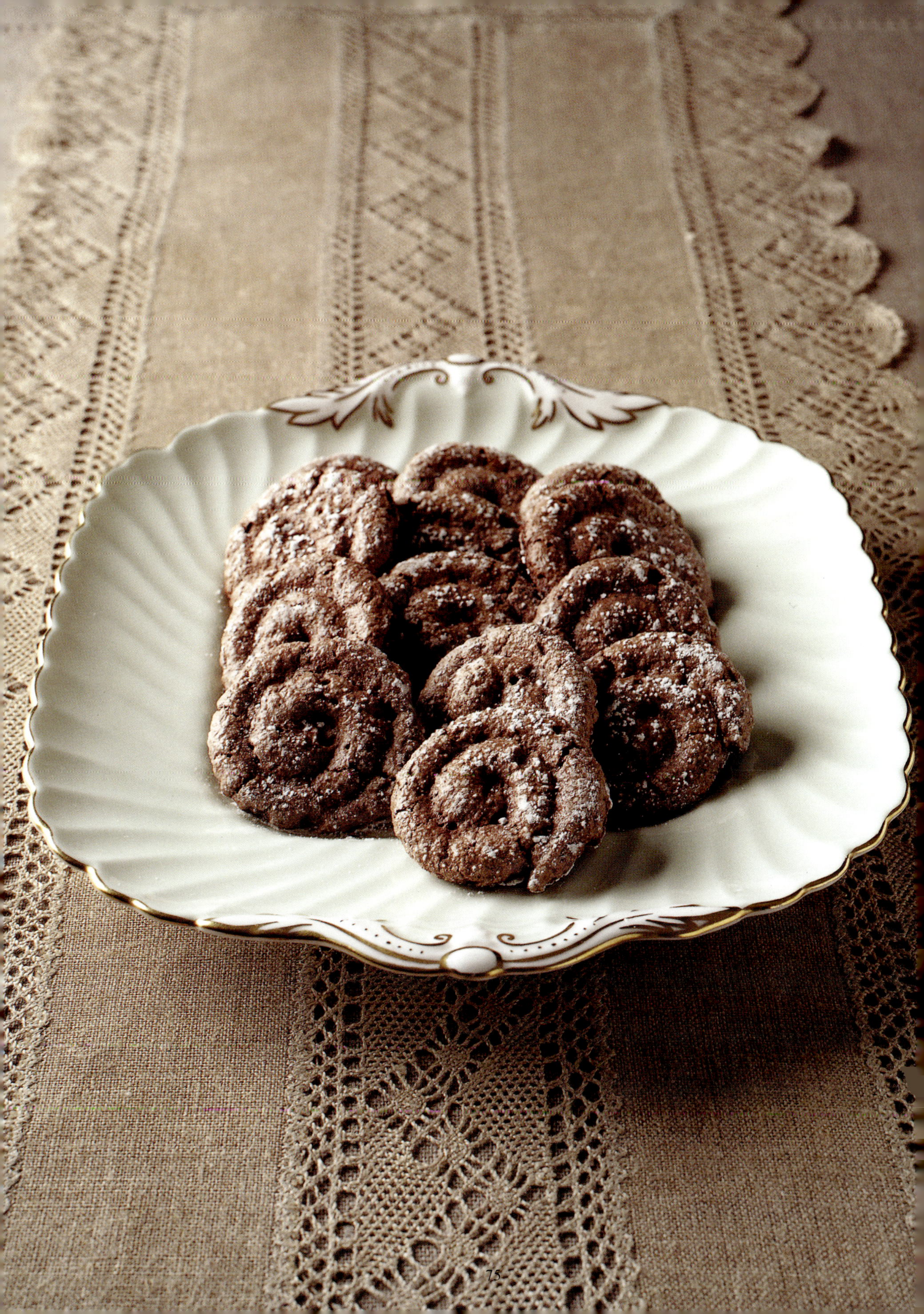

チョコレートアイスクリーム

アイスクリームは、アングレーズソースに生クリームを加え、空気を含ませながら凍らせて作ります。チョコレートを入れるときは、牛乳の一部と合わせてガナッシュ状にして加えます。

このときの、チョコレートと牛乳の分量のバランスが大切。必ず、チョコレートよりも少ない量の牛乳と合わせてください。チョコレートに対して牛乳が多すぎると、決してなめらかにとけません。

また、アイスクリーム作りにはフードプロセッサーを使うことをおすすめします。とてもなめらかな口当りに仕上がり、凍るまでの間、何度もへらでかき混ぜる必要もありません。ただし、八分どおり凍ったところで、機械にかけることがポイント。あまり凍っていない状態でかけたり、撹拌しすぎたりしてしまうと、とけて振出しに戻ってしまいます。

チョコレート、生クリームを合わせる

6 ③のチョコレートに⑤を少し加えてゆるめ、次にこれを⑤に加え混ぜる（**D~E**）。

7 ⑥を網を通してなめらかにし、ラム酒を加え混ぜる。ボウルの底を氷水に当てて冷やし、さらに冷凍庫に入れて少しとろみがつくくらいまで冷やす。

8 生クリームをやわらかめに泡立て、⑦に加え混ぜる（**F**）。

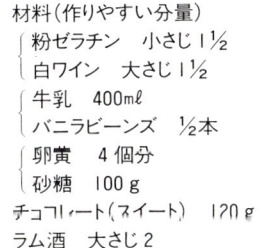

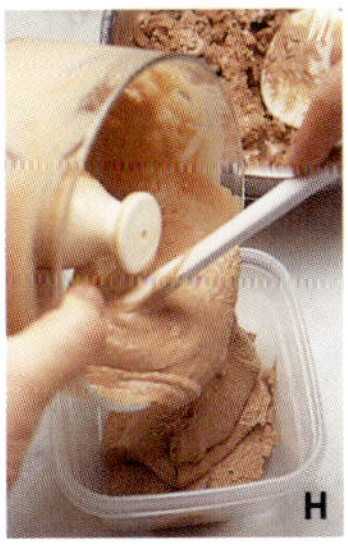

八分どおり凍らせてフードプロセッサーにかける

9 ⑧を再び冷凍庫に入れ、八分どおり凍らせる。写真のように凍ったら、フードプロセッサーにかけ、氷の結晶を細かくしてさらに空気を含ませる（**G**）。もしも完全に凍らせてしまったら、冷凍庫から出して少しおいて、やわらかくしてからかける。

10 かたまりがなくなり、なめらかになればいい。すぐに容器に戻して冷凍庫に入れ、再び冷やし固める（**H**）。
＊とけるまでフードプロセッサーを回転させてしまうと、振出しに戻ってしまう。その場合は手順⑨からやり直すこと。

材料（作りやすい分量）

- 粉ゼラチン　小さじ1½
- 白ワイン　大さじ1½
- 牛乳　400ml
- バニラビーンズ　½本
- 卵黄　4個分
- 砂糖　100g
- チョコレート（スイート）　120g
- ラム酒　大さじ2
- 生クリーム　200ml

準備

・粉ゼラチンは白ワインにふり入れ、ふやかしておく。
・バニラビーンズは縦にさき、ナイフで種をしごき出し、さやとともに牛乳に加える。
・チョコレートは刻んでおく。
・80℃の湯せん用の鍋を用意しておく。

アングレーズソースを作る

1 バニラビーンズの入った牛乳を弱火にかけ、ゆっくり沸かして香りを引き出す。

2 ボウルに卵黄と砂糖を入れ、すぐに泡立て器で充分攪拌し、白っぽくもったりした状態にする。

3 別のボウルに刻んだチョコレートを入れ、①の熱い牛乳のうち50~60mlを加え、なめらかなガナッシュ状にしておく（写真**A**）。

4 残りの牛乳を再び熱し、②の卵黄のボウルに少しずつ加え、溶きのばす（**B**）。これを80℃の湯せんにかけながら、とろみがつくまで攪拌する（アングレーズソースのでき上り）。

5 ④を湯せんからはずし、ふやかしたゼラチンを加え混ぜる（**C**）。

ショコラ・ショーの作り方（写真5ページ）

寒い時期や少し疲れているときにいただくショコラ・ショー（"ショー"はフランス語で熱いという意味）は、ほっとするおいしさです。丁寧にいれたココアもおいしいものですが、チョコレートで作るこのショコラはまた格別です。
チョコレートは大量の液体にはとけにくく、そのまま牛乳に入れてもなめらかにとけません。ガナッシュにして、のばして作りましょう。
ちなみに、フランスでは粉末のココアから作っても、チョコレートで作っても、すべて"ショコラ"といいます。

材料（2人分）
ガナッシュ
　生クリーム　50mℓ
　チョコレート（スイート）　50g
牛乳　200mℓ
砂糖　20g

1 13ページを参照し、沸かした生クリームに刻んだチョコレートを加え、ガナッシュを作る。
2 小型の片手鍋で牛乳を沸かし、①に少しずつ加えて溶きのばす。すべて加えたら、口当たりをよくするために、網を通してこし、鍋に戻す。
3 砂糖を加え、混ぜながら弱火で温め直す。

ムース・オ・ショコラの作り方(写真18ページ)

ガナッシュに卵黄、リキュールを加える

1 13ページを参照し、沸かした生クリームに刻んだチョコレートを加えてガナッシュを作る(後でメレンゲなどを加えるので、直径20〜22cmぐらいの大きめのボウルを使う)。ここに卵黄、リキュールを加え混ぜる(写真**A**)。

メレンゲを加える

2 別のボウルで卵白に砂糖を5回ぐらいに分けて加え、しっかりしたメレンゲを作る(87ページ参照)。
3 ①のガナッシュを泡立て器で少し攪拌し、軽くする。
4 まず、メレンゲの⅓量を③のガナッシュに加え混ぜる(**B**〜**C**)。よく混ざったら、残りのメレンゲを加え、泡をつぶしすぎないように均一に合わせる(**D**〜**E**)。器に分け入れ、冷蔵庫で充分冷やす。

＊ガナッシュが冷えて固まってくると、メレンゲと均一に混ざらない。その場合は、ガナッシュのボウルの底を少し湯に当てて、調節する。

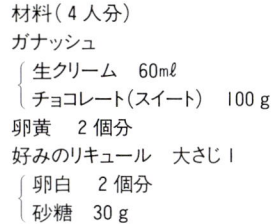

材料(4人分)
ガナッシュ
  生クリーム　60ml
  チョコレート(スイート)　100g
卵黄　2個分
好みのリキュール　大さじ1
  卵白　2個分
  砂糖　30g

ガナッシュがけのガトー・ショコラの作り方（写真14ページ）

ココア入りジェノワーズを作って焼く

1 64ページを参照し、ココア入りジェノワーズ生地を作る。

2 準備した型に生地を流し入れ、霧を吹いて、170〜180℃に温めたオーブンで25〜30分焼く（写真**A**）。焼けたら、型ごと約40cmの高さから台に落として、ショックを与えてしぼむのを防ぐ。型からはずし、網台の上で冷ましておく。

土台のケーキの準備

3 13ページを参照し、沸かした生クリームに刻んだチョコレートを加えてガナッシュを作り、ジャムとリキュールを加えて混ぜる（**B**）。

4 ジェノワーズは3枚にスライスし、底になる分は裏返して台におく。シロップをしみ込ませてはジャム入りのガナッシュをぬって、3段に重ねる（**C**）。

＊ジェノワーズは焼いた表面が皿につきやすいので、底になる分は裏返しにして焼いた表面が内側にくるようにする。

5 ④を冷蔵庫に入れて冷やし、ガナッシュを落ち着かせる。

ガナッシュをかける

6 ⑤の上面にラズベリージャムをぬり、網台にのせる。網台の下には、ポリ袋を切り開いたシートを敷いておく。

7 13ページを参照し、表面にかけるガナッシュを作る。温かいうちに全量を⑥の中央に流し、パレットナイフを使ってできるだけ一気に広げて、側面までかける（**D**〜**E**）。

8 網台をトントンと台に打ちつけて余分を落とし、そのまま落ち着くまでおく。切り分けて、好みでやわらかく泡立てた生クリームを添えていただく。

材料（直径20cmのマンケ型1台分）
ココア入りジェノワーズ
- 卵　3個
- 砂糖　100g
- シロップ（または水）　大さじ1
- 薄力粉　75g
- ココアパウダー　15g
- バター（食塩不使用）　40g

リキュール入りシロップ（p.87参照）　適宜
間にはさむガナッシュ
- 生クリーム　60ml
- チョコレート（スイート）　120g
- ラズベリージャム　80g
- 好みのリキュール　大さじ1

仕上げ用ラズベリージャム　50g
表面にかけるガナッシュ
- 生クリーム　80ml
- チョコレート（スイート）　160g

準備
・型の側面にバター（分量外）をぬり、冷蔵庫で冷やしてから強力粉（分量外）をふり、余分を落とす。底には紙を敷いておく。
・粉にココアを茶こしを通して入れ、泡立て器で混ぜてから、ふるいを通しておく。

■オーブン温度　170〜180℃

クリーム状のガナッシュをぬったガトー・ショコラの作り方（写真15ページ）

材料（直径20cmのマンケ型1台分）
- ココア入りジェノワーズ（右ページ参照） 1台
- キルシュ入りシロップ（p.87参照） 適宜
- さくらんぼのジャム（あんずジャムでもいい） 50g
- ゼラチン入りクリーム
  - 粉ゼラチン 小さじ1½
  - 白ワイン 大さじ1½
  - キルシュ 大さじ1
  - 生クリーム 150ml
  - 砂糖 30g
- チェリーのシロップ煮* 約30粒
- 表面にぬるガナッシュ
  - 生クリーム 80ml
  - チョコレート（スイート） 120g
  - キルシュ 大さじ1

準備
- 粉ゼラチンは白ワインにふり入れ、ふやかしておく。
- チェリーのシロップ煮は網にとり、シロップをきっておく。
- ジェノワーズは3枚にスライスし、底になる分は裏返して台におき、キルシュ入りシロップをしみ込ませてジャムをぬり、2段目のジェノワーズを重ね、シロップをしみ込ませておく。

ゼラチン入りクリームを作って、ぬる

1. 生クリームに砂糖を加え、やわらかく泡立てる。
2. ふやかしたゼラチンを電子レンジで溶かし、キルシュを加え混ぜる。これをほんのり温かいくらいで①の生クリームに一度に加え、すぐに均一に混ぜる。様子を見て、流れないくらいのやわらかさで2段に重ねたジェノワーズの上にぬる。
3. チェリーを沈めるように並べ、3段目のジェノワーズを重ねる（写真**A**）。シロップを上にぬり、冷蔵庫で冷やす。

ガナッシュで仕上げる

4. 13ページを参照し、沸かした生クリームに刻んだチョコレートを加えてガナッシュを作り、キルシュを加える。これをボウルの底を水に当てながら冷まし、泡立て器で少し撹拌し、クリーム状のぬりやすいかたさに調節する。
5. 回転台に③のジェノワーズをのせる。中央に④のガナッシュを全量のせ、パレットナイフでまず上面に広げる（**B**〜**C**）。
6. 次に、好みの模様をつけるが、ここでは回転台とパレットナイフを動かしながら螺旋模様をつける（**D**）。側面は流れてきたクリームをならして仕上げる。
7. 回転台とジェノワーズの間にパレットナイフを差し入れて回転台を回し、台からはずして、皿に移す。

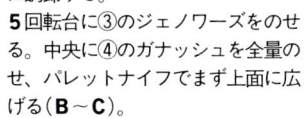

*チェリーのシロップ煮
材料（作りやすい分量）
- アメリカンチェリー（種を抜いて） 400g
- シロップ
  - 水 150ml
  - 白ワイン 50ml
  - レモン汁 大さじ2
  - 砂糖 200g

作り方
アメリカンチェリーは洗って水気を取り、軸と種を除く。鍋にシロップの材料を合わせて煮立て、チェリーを加える。再び煮立ったら、火を弱めて2〜3分煮、そのまま一晩おく。

ココアロールケーキの作り方（写真19ページ左）

共立て法で生地を作る

1 64ページのジェノワーズの手順を参照し、生地を作る。卵と砂糖を泡立ててシロップを加え、粉類をふるいを通して一度に加える。泡立て器で見えなくなるまで合わせる。

2 準備した天板の中央に一度に流し入れ、ゴムべらで四隅に広げる（写真**A**）。次に、全体をざっと広げる。

3 カードに持ち替え、天板の端から各辺を順に1回ずつならす（**B**）。

4 霧を吹いて、200℃に温めておいたオーブンに入れ、10～12分で焼き上げる。

5 わら半紙ごと網台にとって冷ます。すぐに使わないときは、乾かないように大きなポリ袋に入れ、袋が表面につかないようにふくらませておく。

バタークリームを作る

6 バターはやわらかくし、泡立て器でクリーム状にかき立てておく。メレンゲの湯せん用に、鍋に約80℃の湯を用意する。

7 卵白に粉砂糖を5～6回ぐらいに分けて加え、しっかりしたメレンゲを作る（87ページ参照）。メレンゲができたら、ボウルの底を80℃の湯に1分ほど当てながらさらに泡立てて、泡を安定させる。

8 ⑥のバターにメレンゲを数回に分けて加える（**C**）。その都度、強くかき混ぜ、完全に混ざったところで、次のメレンゲを加えること。

ガナッシュと合わせる

9 13ページを参照し、沸かした生クリームに刻んだチョコレートを加えてガナッシュを作る。これを⑧のバタークリームに加え混ぜ、リキュールを加え混ぜる（**D**）。

＊このときのガナッシュの状態が大事。冷えて固まっていたら、少し温めてなめらかなクリーム状にして合わせる。また、温かいとバタークリームがとけてしまうので注意。

材料（28cm角の天板1枚分）
ココア入りロールケーキ生地
- 卵　3個
- 砂糖　80g
- シロップ（または水）　大さじ1
- 薄力粉　35g
- ココアパウダー　15g

ガナッシュ入りバタークリーム
- 生クリーム　40mℓ
- チョコレート（スイート）　80g
- メレンゲ入りバタークリーム　80g
  （下記の約½量）
- 好みのリキュール　大さじ1

リキュール入りシロップ（p.87参照）　適宜

＊メレンゲ入りバタークリームの材料
バター（食塩不使用）　100g
- 卵白　35g（約1個分）
- 粉砂糖　35g

準備
- わら半紙を2枚使い、天板に周囲を2cmほど立ち上がらせて敷く。四隅は切込みを入れて折る。
- 粉にココアを茶こしを通して入れ、泡立て器で混ぜてから、ふるいを通しておく。

■オーブン温度　200℃

プレーンロールケーキの作り方（写真19ページ右）

材料（28cm角の天板1枚分）

ロールケーキ生地
- 卵　3個
- 砂糖　60g
- シロップ（または水）　大さじ1
- 薄力粉　50g

ガナッシュ入りクレーム・シャンティイ
- 生クリーム　30ml
- チョコレート（スイート）　60g
- 生クリーム　90ml
- 好みのリキュール　大さじ1

くるみ　50g
リキュール入りシロップ（p.87参照）　適宜

準備
・右ページを参照し、ロールケーキ生地を作る（ココアは入れない）。

ガナッシュ入りクレーム・シャンティイ

1 13ページを参照し、沸かした生クリーム30mlに刻んだチョコレートを加えてガナッシュを作る。これを約40℃の湯せんで保温しておく。

2 別のボウルに生クリーム90mlとリキュールを入れてやわらかめに泡立てる。ここに①のガナッシュを一度に加え、均一に混ぜる（写真A～B）。
＊このとき、ガナッシュが冷めていると、生クリームが冷たいので固まってしまい、均一に混ざらない。でき上がったクリームがゆるすぎるようならば、少し冷やして調節する。

クリームをぬって巻く

3 右のココアロールケーキを参照。ここでは、シロップをしみ込ませた後、ガナッシュ入りクレーム・シャンティイを全体に広げ、刻んだくるみを散らしてから巻く（C～D）。

クリームをぬって巻く

10 ロールケーキ生地は、焼いた面が傷まないように新しい紙の上で裏返し、底の紙をそっとはがす。はがした紙を再び当てて、表に返す。

11 巻終りにするほうの端を1cmほど斜めに切り落とす。巻始め側は5～6本ほど浅く切れ目を入れておく。

12 シロップを全体に軽くしみ込ませる。

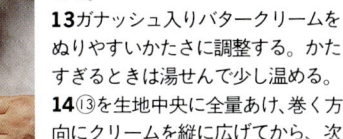

13 ガナッシュ入りバタークリームをぬりやすいかたさに調整する。かたすぎるときは湯せんで少し温める。

14 ⑬を生地中央に全量あけ、巻く方向にクリームを縦に広げてから、次にパレットナイフを左右に動かして全体にのばす（E）。巻終りは薄くしておく。

15 まずはじめに、芯を作るようにすきまなく一巻きする（F）。

16 巻始めの紙の端を2cmほど折って二重にする。紙をのり巻きの巻きすのように扱って、ゆっくりと巻く（G）。最後にこの紙でくるくると巻き、巻終りを下にして、冷蔵庫で中のクリームが充分固まるまで休ませる。

●ココア生地とプレーン生地の粉の合せ方

・ココア生地の場合　ココアは脂肪分を含むため、合わせすぎると卵の泡を消してしまいます。均一になって、ココアが見えなくなったところで合わせるのをやめます。

・プレーン生地の場合　60回ぐらい泡立て器を動かし、よく合わせないと、焼上りのきめが粗くなり、口当りが悪くなってしまいます。

●焼くときはジェノワーズよりも高い温度で短時間で

ロールケーキ生地は薄いので、ゆっくり焼くと乾いてしまいます。高温で、短時間で焼いてください。天板側（巻いたときに表になる面）に色がつかないほうがいいので、下火が強いようならば天板を重ねるなどの工夫をしましょう。表面をさわってみて、やわらかい弾力があれば焼上り。シュッとへこむようでは焼きが足りません。

タルトレット・オ・ショコラの作り方（写真17ページ）

材料（直径4.5cmのタルトレット型20個分）
パート・シュクレ
- バター（食塩不使用）　100g
- 塩　ひとつまみ
- 粉砂糖　80g
- 卵黄　1個分
- 薄力粉　200g

ガナッシュ
- 生クリーム　80mℓ
- チョコレート（スイート）　160g
- 好みのリキュール　大さじ1

飾り用ドラジェ（あれば）　適宜

準備
・下記を参照し、パート・シュクレを前日までに作っておく。
・タルトレット型にバター（分量外）をぬり、冷蔵庫で冷やしてから強力粉（分量外）をふり、余分を落とす。

■オーブン温度　170～180℃

パート・シュクレを型に敷き、から焼きする

1 ポリ袋を切り開いたシートに生地をはさんでのばし、タルトレット型よりも一回り大きい菊型で抜き、型に敷き込む。まず、生地を型にのせ、先端を少し切った竹串で数か所空気穴をあけてから、型を台に打ちつけて生地を底に落とす。その後、竹串で新たに空気穴をあける。

2 170～180℃に温めたオーブンで約20分焼き、冷ましておく。

ガナッシュを詰める

3 13ページを参照し、沸かした生クリームに刻んだチョコレートを加えてガナッシュを作り、リキュールを加える。これを絞りやすいかたさに調節し、星形口金で②に絞る。あれば、絞り終りにドラジェを飾る。

●パート・シュクレの作り方

1 ボウルにやわらかくしたバターを入れてさらにクリーム状にし、塩を加え混ぜ、粉砂糖を3回に分けて加え、その都度よく混ぜる。続けて卵黄を加え、さらによく混ぜる（写真A）。

2 ①に粉を2回に分けてふるい入れる。はじめに粉の1/3量を加え、泡立て器でよく混ぜる（B）。残りの粉はへらにしてかえ合わせ、粉が見えなくなったら、手で一つにまとめる（C～D）。めん棒で軽く平らにしてからポリ袋に入れ、冷蔵庫で一晩休ませる。

くるみのチョコレートケーキの作り方（写真53ページ）

材料（直径14cmのクグロフ型1台分と、カップケーキ2〜3個分）
バター（食塩不使用）　100g
チョコレート（スイート）　100g
卵黄　3個分
- 卵白　3個分
- 粉砂糖　30g
- くるみ　100g
- 粉砂糖　40g

薄力粉　20g
仕上げ用粉砂糖（好みで）　適宜
＊この分量は作りやすい量で、容量800ml分できる。

準備
・型にバター（分量外）をぬり、冷蔵庫で冷やしてから強力粉（分量外）をふり、余分を落とす（ここでは陶製のクグロフ型を使用したが、扱いは金属製も同じ）。
・バターはやわらかくしておく。
・チョコレートは刻んでボウルに入れ、50℃ぐらいの湯せんでとかす。
・くるみは粉砂糖とともにフードプロセッサーで砕く。くるみは脂が出てべたつくので、粉砂糖と一緒に砕くこと。かけすぎるとペースト状になってしまうので、注意。

■オーブン温度　170〜180℃

バターにチョコレートと卵黄を合わせる

1 ボウルにやわらかくしたバターを入れ、泡立て器でクリーム状にし、とかしたチョコレートを少しずつ加え、その都度、充分に攪拌する。
2 卵黄を1個ずつ加え、混ぜる（写真A）。卵黄は冷たすぎないように。60ページ参照。

メレンゲとくるみ、粉を合わせる

3 別のボウルで卵白に粉砂糖を5〜6回ぐらいに分けて加え、しっかりしたメレンゲを作る（87ページ参照）。
4 ②にメレンゲの½量を加え、泡立て器で混ぜる（B）。ここに砕いておいたくるみと砂糖を加え混ぜる（C）。
5 粉をふるい入れて合わせる（D）。
6 残りのメレンゲを⑤に加え、メレンゲが見えなくなるまで合わせる。

型に入れて焼く

7 準備した型に⑥を入れる（E）。ぬれぶきんの上で型ごと台に軽くトントンと打ちつけ、表面に霧を吹いて、170〜180℃に温めたオーブンで約40分焼く。
8 焼き上がったら、ぬれぶきんの上にトンと落としてショックを与え、網台をかぶせて返す。型に冷たいぬれぶきんをかぶせて型の粗熱を取ってから、そっとはずす。仕上げに好みで粉砂糖をふる。

＊焼けたらすぐに型から出すこと。そのままにしておくと縮んでしまう。型離れしやすいように、ぬれぶきんを当てて粗熱を取ってから出す。

この本のお菓子を失敗なく作るために

レシピに共通する基本的なことをまとめました。

●オレンジピールの作り方

材料
いよかんの皮（四つ割り）5〜6個分、
砂糖約550g
容量1ℓぐらいの保存用ガラス瓶を用意すること。

1 いよかんの皮をたっぷりの湯で一度ゆでこぼし、さらにたっぷりの湯でやわらかくなるまでゆでる。ざるにとり、ふきんで押さえて水気をよく取り、保存用の瓶に縦に並べて入れる。

2 水200mℓに砂糖100gを入れて煮立ててシロップを作り、熱いうちに①に注ぎ入れる。ピールが浮かないように上から重し（小皿など）をして、涼しい場所におく。
＊このとき、シロップの量はピールにかぶるだけ必要。足りなければ、同じ割合で作って足す。

3 一昼夜おいて、シロップだけを鍋に移し、1回目と同量の砂糖（100g）を加え、一煮立ちさせて瓶に戻す。これを3日目、4日目も同様に繰り返す。

4 最後の5日目には、砂糖を5割増し（150g）にして同様にし、そのまま1週間ほどおく。

5 1週間後、全体を鍋にあけて煮立て、殺菌した保存瓶に入れて、冷蔵庫で保存する。

●オーブンは頃合いを見て、温めはじめる

オーブンの予熱時間は、機種によって異なります。でき上がった生地をオーブンに入れるときに、ちゃんと設定温度になっているように、頃合いを見て温めはじめてください。

●オーブンの設定温度と焼き時間

レシピで示している設定温度と焼き時間は、あくまでも目安です。お手持ちのオーブンに合わせて、加減してください。

●小麦粉は薄力粉、型にふるのは強力粉

薄力粉は、こしもうまみも程よくある、一般に求めやすいもの（商品名"フラワー"や"ハート"）を使用しています。超または特選と名前のついた薄力粉は、ふわふわには仕上がりますが、粉のうまみが足りません。
また、型にふる粉は必ずさらっとした強力粉を用います。

●粉はふるってから計量

粉をふるうということは、ほぐして混ざりやすくするためです。私は、まず粉をふるってから計量しています。生地に加えるときにふるいながら入れますので、都合、2回ふるうことになります。

●粉はふるいで、ココアは目の細かい茶こしで

小麦粉をふるうときは、ふるいやストレーナーでいいのですが、ココアは細かいだまになりやすいので、目の細かい茶こしを通します。

● バターをやわらかくし、
クリーム状にするとき

バターケーキやパート・シュクレを作るときには、準備としてバターをまずやわらかくしておき、それからクリーム状にします。手早くしたいときは、電子レンジを用いると便利です。

1 はじめに耐熱性のボウルにバターを入れ、電子レンジに少しずつかけては混ぜることを繰り返して、やわらかくする。
2 実際にお菓子を作るときのボウルに移し替え、泡立て器で強くかき立ててクリーム状にする。泡立て器を持ち上げてみて、やわらかい角ができるくらいが、ちょうどいい状態。

● しっかりした
メレンゲの作り方

必ずパワーの強いハンドミキサーを使いましょう。砂糖は何回かに分けて加えて泡立てますが、加えるタイミングの見極めが重要です。砂糖を加える回数は、卵白と砂糖の割合によって異なります。

1 ボウルに卵白を入れ、まず低速で全体に白く大きな気泡ができるくらいに泡立てる。
2 1回目の砂糖を加え、ハンドミキサーを高速にして泡立てる。
3 泡立て器を持ち上げて、ぴんと先が立っているのを確認する。これが次の砂糖を加えるタイミング。
4 次の砂糖を加え、高速で泡立てる。一瞬ゆるむが、再びぴんと泡立ってくる。それを確認して次の砂糖を加えることを繰り返し、しっかりしたメレンゲにする。

● 生クリームを泡立てて
クレーム・シャンティイを
作るとき

クリーム全体が冷えるようにボウルに氷水を当てながら、柄の短いしっかりした泡立て器で泡立てます。このとき、冷凍庫で充分冷やした耐熱性のガラスボウルを使用すると、氷水に当てずにすみ、安定して泡立てることができます。

ちょうどいい状態まで泡立ててしまうと、ぬっている間にざらついてしまうので、必ず目的のかたさになる手前で泡立てるのをやめ、ぬったときにちょうどいい状態になるようにしましょう。

お菓子作りには乳脂肪45%ぐらいのものが一般的ですが、最近は35%ぐらいのものも出回るようになりました。軽い仕上りになるので、私はこちらをよく用いています。この35%のものは、泡立て器では泡立ちにくいので、ハンドミキサーを使ってください。

その場合、ボウルが大きすぎると、クリームが温まったり飛び散ったりしてしまいます。深めの耐熱ガラスボウルを、冷凍庫で充分冷やして用いましょう。

● シロップ

ジェノワーズを作るときに卵液に加えるシロップは、用意がなければ水でもかまいませんが、シロップを作っておくと、仕上げ用にも使えて便利です。

基本は、水2に対して砂糖1の割合で合わせ、煮立てて作ります。

ジェノワーズ、バターケーキ、ロールケーキなどの仕上げ用シロップは、この基本のシロップに、好みのリキュールや酒を加えます。

アートディレクション　木村裕治
デザイン　川崎洋子（木村デザイン事務所）
撮影　今清水隆宏
スタイリング　白木なおこ
企画・編集　大森真理

30、31、46ページの器協力
ロシナンテ（Tel 03-3423-4552）

お近くに書店がない場合、
読者専用注文センターへ
☎0120-463-464
ホームページ http://books.bunka.ac.jp/

好評既刊
相原一吉のお菓子の本
『お菓子作りのなぜ？がわかる本』
『もっと知りたい お菓子作りのなぜ？がわかる本』
『たった2つ！の生地で作れるパン』

相原一吉（あいはら・かずよし）

1952年、東京生れ。香川栄養専門学校製菓科卒業。洋菓子研究の先駆者、故宮川敏子氏を師とする。宮川氏と同様に、家庭ならではのお菓子作りを大切にし、納得のいくおいしさと合理的な作り方を追求し続けている。本書では「多くの人に、魅力あるチョコレートのお菓子作りを楽しんでほしい」という。現在、スイス・フランス菓子研究所を主宰、香川栄養専門学校などで講師を務める。著書に『お菓子作りのなぜ？がわかる本』『もっと知りたい お菓子作りのなぜ？がわかる本』『たった2つ！の生地で作れるパン』（すべて文化出版局）、『基礎から学ぶ洋菓子づくり』（パンニュース社）がある。

スイス・フランス菓子研究所「お菓子の教室」
東京都北区中里1-15-2 大河原ビル802
Tel・Fax 03-3824-3477

きちんとわかる、ちゃんと作れる！
チョコレートのお菓子の本

発　行　2003年12月14日　第1刷
　　　　2009年9月17日　第4刷
著　者　相原一吉
発行者　大沼　淳
発行所　文化出版局
〒151-8524 東京都渋谷区代々木3-22-7
電話　03-3299-2493（編集）　03-3299-2540（営業）
印刷所　日本写真印刷株式会社
製本所　大口製本印刷株式会社

Ⓒ Kazuyoshi Aihara 2003
Photographs Ⓒ Takahiro Imashimizu 2003　Printed in Japan

Ⓡ本書の全部または一部を無断で複写（コピー）することは
著作権法上での例外を除き、禁じられています。
本書からの複写を希望される場合は
日本複写権センター（電話03-3401-2382）にご連絡ください。